CP Manuel

Je lis et j'écris avec Salto

Agnès Diallo
Professeur des écoles

Yolaine Garcia
Professeur des écoles

Patricia Olivon-Poupart
Professeur des écoles

Myriam Perrocheau
Professeur des écoles

Stéphanie Bousquet
Professeur des écoles

Illustrations d'Ariane Delrieu et Axelle Vanhoof

Gestes issus de la méthode Borel-Maisonny © Bien Lire et Aimer Lire, COGNITIA, Paris

la librairie des écoles

76, boulevard Pasteur, 75015 Paris

Sommaire

Lectures

➤ Textes et questions de compréhension : www.methode-lecture-salto.com

Les histoires à lire par l'enseignant et les questions de compréhension orale sont téléchargeables sur :
www.methode-lecture-salto.com

Présentation du manuel

Les premiers **graphèmes** sont travaillés sur une journée, puis les suivants sur deux jours.

La **saynète** illustre à la fois le texte lu par le professeur et son résumé lu par les élèves (voir exercice 7). Elle permet également de travailler la discrimination auditive.

À chaque lettre correspond ses **écritures** minuscule et majuscule, cursive et scripte, ainsi que son **mot référent**.

Le **geste Borel-Maisonny** permet d'associer le graphème du jour au phonème qu'il représente.

Chaque ligne de lecture est repérée grâce à un symbole différent :

- ● lecture de **syllabes** ;
- ■ lecture de **mots** ;
- ▲ lecture de **phrases**.

p P
pomme

3 Je lis les syllabes.

● pu • pi • mui • sia • pa • pe • pê • viè • lio • pé • pui • pre

4 Je lis les mots.

■ la tulipe • l'épée • la purée • l'épine • le léopard

■ le pull • le pirate • râpé • la parole • une pie

■ le piano • la porte • la piste • le départ

5 Je forme des phrases.

Les | pilotes | réparent | les → motos. / radios.

6 Je lis les phrases.

▲ Le pilote Paolo est sur le départ de la piste.

▲ Si Apolline répare sa moto, alors elle partira.

▲ Les pirates sortent du navire.

Le point d'exclamation, « ! », montre que la personne qui parle s'exclame ou donne un ordre.

1 J'écoute l'histoire : L'as de la pâtisserie.

➤ Texte et questions de compréhension : www.methode-lecture-salto.com

2 Je lis en suivant les flèches.

p → a → pa ; e → pe ; i → pi ; o → po

p → u → pu ; é → pé ; è → pè ; ê → pê

p → r → é → pré

7 Je lis le texte : L'AS DE LA PÂTISSERIE.

Ali pèle les pommes mûres. Il étale la pâte à tarte. Sa mère est fière de lui. Elle dit à Issa : « Ali est un as de la pâtisserie ! » Le repas fini, le papa d'Ali démarre sa moto. Il dévale la rue et part à Paris.

8 J'écris la dictée.

Ali a pelé les pommes.

50 Période 2 • Semaine 10

51

Chaque jour, l'**histoire lue** par le professeur permet de travailler la compréhension orale.

La **combinatoire** est présentée de manière explicite et visuelle.

La **dictée** préparée permet aux élèves d'appliquer les règles d'orthographe et de grammaire étudiées.

Le texte correspond à un **résumé** de l'histoire du jour, entièrement déchiffrable par les élèves.

Les **mots-outils** sont enseignés dans des exercices d'étude de la langue, qui entraînent les élèves à **manipuler des phrases**.

Présentation des personnages

son papa
sa maman
son oncle Louis
Amélie

M. Galéo

son papa
sa mamie
sa maman
son papi
Ali
son petit frère Issa

i I

igloo

1 **J'écoute l'histoire : C'est la rentrée.**

➤ Texte et questions de compréhension : www.methode-lecture-salto.com

2 **Je cherche des mots où j'entends « i » dans l'image ci-dessus.**

3 **Je cherche l'intrus.**

4 **Je compte le nombre de syllabes pour chaque image.**

5 **Je montre tous les i dans les mots.**

ami • livre • locomotive • dîner • niche • Inès

Iris • iguane • canari • île • mardi • ouistiti

6 **Je lis les lettres.**

i i I i I î I i

i I î i î I i i

7 **J'écris les lettres dictées.**

i i i i i i i i i i

u U

u U

usine

1 **J'écoute l'histoire : En récréation.**

➤ Texte et questions de compréhension : www.methode-lecture-salto.com

2 **Je cherche des mots où j'entends « u » dans l'image ci-dessus.**

3 **Je cherche l'intrus.**

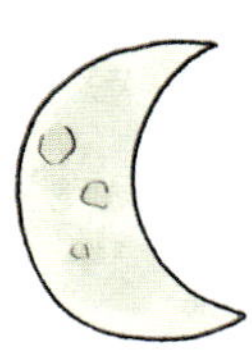

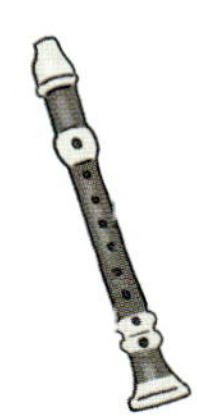

4 **Je compte le nombre de syllabes pour chaque image.**

5 **Je montre tous les u dans les mots.**

bossu • minute • où • vêtu • utile • sûre • têtu

luge • sucre • fusée • tortue • voiture • mûre

6 **Je lis les lettres.**

i U i *u* U i û *U*

U *u* *I* u *û* I *U* *i*

7 **J'écris les lettres dictées.**

u u i u i u i u u i

a A

a A

avion

1 **J'écoute l'histoire : La mare aux têtards.**

➤ Texte et questions de compréhension : www.methode-lecture-salto.com

2 **Je cherche des mots où j'entends « a » dans l'image ci-dessus.**

3 **Je cherche l'intrus.**

4 **Je montre les cases des syllabes où j'entends « a ».**

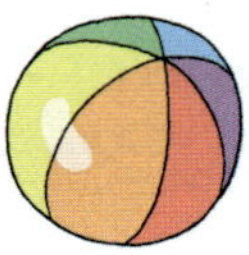

5 **Je montre tous les a dans les mots.**

Alban • tomate • carafe • pâte • harmonica

lavabo • à • pirate • banane • salade • Alice

6 **Je lis les lettres.**

a A i i â a A i u

A u a i U a i à A

7 **J'écris les lettres dictées.**

a a a u i i u u a i

s S

serpent

1 **J'écoute l'histoire : À la piscine.**

➤ Texte et questions de compréhension : www.methode-lecture-salto.com

2 **Je cherche des mots où j'entends « s » dans l'image ci-dessus.**

3 **Je cherche l'intrus.**

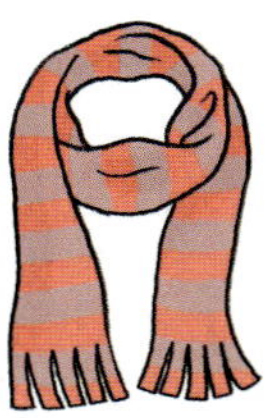

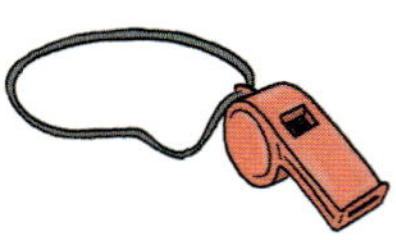

4 **Je montre tous les s dans les mots.**

sourd • sali • caisse • dessin • os • sucre • classe

boussole • singe • ours • cactus • souris • sous

5 **Je lis en suivant les flèches.**

s → i	si	si	i →	s →	is	is
s → u	su	su	u →	s →	us	us
s → a	sa	sa	a →	s →	as	as

6 **Je lis les syllabes.**

● sa • su • si • as • is • us • sa • is

● si • us • sa • su • is • as • si • su

7 **Je montre la syllabe que j'entends dans chaque image.**

sa su si as

8 **J'écris les syllabes dictées.**

sa su as si sa us si is su

o O

orange

1 **J'écoute l'histoire : À l'épicerie.**

➤ Texte et questions de compréhension : www.methode-lecture-salto.com

2 **Je cherche des mots où j'entends « o » dans l'image ci-dessus.**

3 **Je cherche l'intrus.**

4 Je montre les cases où j'entends « o ».

5 Je montre tous les o dans les mots.

loto • or • carotte • pôle • bottes • cocorico

pomme • domino • moto • lasso • hôpital

6 Je lis en suivant les flèches.

s	o →	so	so	o →	s →	os	os
	i →	si	si	i →	s →	is	is
	u →	su	su	u →	s →	us	us
	a →	sa	sa	a →	s →	as	as

7 Je lis les syllabes.

- sa • so • is • su • os • us • si • as
- su • as • sa • os • is • so • si • us

8 J'écris les syllabes dictées.

su so si sa us os is as

l L

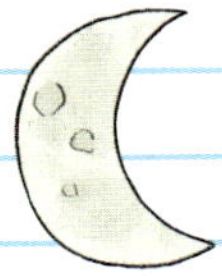

lune

1 **J'écoute l'histoire : L'atelier de poterie.**

➤ Texte et questions de compréhension : www.methode-lecture-salto.com

2 **Je cherche des mots où j'entends « l » dans l'image ci-dessus.**

3 **Je cherche l'intrus.**

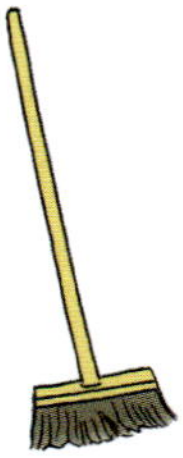

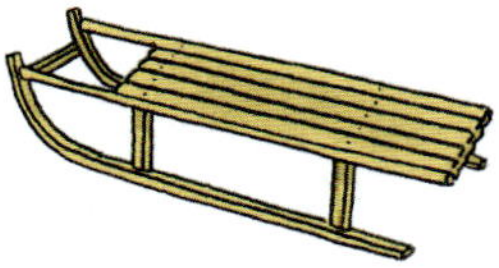

4 **Je lis en suivant les flèches.**

l	a →	la	*la*	
	u →	lu	*lu*	
	i →	li	*li*	
	o →	lo	*lo*	

u →	l →	ul	*ul*
a →	l →	al	*al*
i →	l →	il	*il*
o →	l →	ol	*ol*

5 **Je lis les syllabes.**

● li • lu • ol • il • lu • la • lo • al • li • ul • lo

● *al • so • si • la • us • sa • lo • il • lu • su • li*

6 **Je lis les mots.**

■ lasso • il • os • sali • lilas

7 **Je forme des phrases.**

Il a → sali.

Il a → lu.

8 **Je lis les phrases.**

▲ Lola a lu.

▲ Ali a sali.

9 **J'écris les syllabes dictées.**

su sa lo la ul il si so li lu al os

ℯ *ℰ*

e E

cheval

1 J'écoute l'histoire : L'objet perdu.

➤ Texte et questions de compréhension : www.methode-lecture-saito.com

2 Je cherche des mots où j'entends « e » dans l'image ci-dessus.

3 Je cherche l'intrus.

4 Je lis en suivant les flèches.

s → e → se *se*
s → i → si *si*
s → u → su *su*
s → a → sa *sa*
s → o → so *so*

l → e → le *le*
l → a → la *la*
l → u → lu *lu*
l → i → li *li*
l → o → lo *lo*

5 Je lis les syllabes.

● so • se • la • le • si • su • os • us

● *lu • le • se • il • al • is • la • sa • si*

6 Je lis les mots.

■ *le sol • le lasso • le lis • la salle • la sole • l'île*

7 Je forme des phrases.

Ali	a	sali	**le**	sol.
			la	salle.

Il faut écrire « **l'** » devant un mot qui commence par une **voyelle**.

8 Je lis les phrases.

▲ Ali sale la sole.

▲ Il se lasse.

9 J'écris les syllabes dictées.

su sa le lo as si la il ol se su ul

é É

épée

1 **J'écoute l'histoire : Un grand jour.**

➤ Texte et questions de compréhension : www.methode-lecture-salto.com

2 **Je cherche des mots où j'entends « é » dans l'image ci-dessus.**

3 **Je cherche l'intrus.**

4 Je lis en suivant les flèches.

s
- é → sé *sé*
- i → si *si*
- u → su *su*
- e → se *se*

l
- é → lé *lé*
- a → la *la*
- o → lo *lo*
- e → le *le*

5 Je lis les syllabes.

● se • sé • so • li • la • os • is • lé

● *su • le • sé • il • lu • le • lé • al*

6 Je lis les mots.

■ *salé • l'allée • lassé • lissé • élu • salué*

7 Je forme des phrases.

Léo / Léa	salue	Ali	**et**	Issa.

8 Je lis les phrases.

▲ Léo a salé la sole.

▲ *Léa a sali l'allée.*

9 J'écris les syllabes dictées.

sé sa le so lé il ol se is lu

v V

v V

vélo

1 **J'écoute l'histoire : Vite, va à l'école !**

➤ Texte et questions de compréhension : www.methode-lecture-saito.com

2 **Je cherche des mots où j'entends « v » dans l'image ci-dessus.**

3 **Je cherche l'intrus.**

4 **Je lis en suivant les flèches.**

V

a → va	*va*		u → v →	uv	*uv*
e → ve	*ve*		o → v →	ov	*ov*
i → vi	*vi*		i → v →	iv	*iv*
é → vé	*vé*		a → v →	av	*av*

5 **Je lis les syllabes.**

● vé • vo • uv • li • al • vu • va • vi • os • si • sé

6 **Je lis les mots.**

■ la lave • la salive • la vis • la vue • le vélo • volé

■ *la ville • l'olive • Éva • lavé • élevé*

7 **Je forme des phrases.**

Issa / Léo → va à vélo.

8 **Je lis les phrases.**

▲ Issa a sali le vélo **et** le lasso.

▲ *Ali a vu l'olive et il l'a avalée.*

9 **Je lis le texte.**

Léo se lave. Il va **à** la ville **à** vélo.

10 **J'écris les mots dictés.**

le vélo, Éva, Léo, la vis, Ali

t T

tigre

1 **J'écoute l'histoire : La tasse de lait.**

➤ Texte et questions de compréhension : www.methode-lecture-salto.com

2 **Je cherche des mots où j'entends « t » dans l'image ci-dessus.**

3 **Je cherche l'intrus.**

4 **Je lis en suivant les flèches.**

t	e → te *te*	u → t → ut *ut*
	o → to *to*	a → t → at *at*
	u → tu *tu*	i → t → it *it*
	é → té *té*	o → t → ot *ot*

5 **Je lis les syllabes.**

● to • sè • at • ve • ti • lu • te • va • ut • té • ta

6 **Je lis les mots.**

■ l'été • le loto • la tasse • vite • le salut • vital

■ *le tutu • le tissu • l'otite • le tas • étalé • vaste*

7 **Je forme des phrases.**

La tasse / L' allée → **est** → lavée. / sale.

8 **Je lis les phrases.**

▲ Éva a lavé le tutu. ▲ *Ali va vite à vélo.*

9 **Je lis le texte.**

La tasse **est** sale. Éva l'a vite lavée.

10 **J'écris la dictée.**

vite, le tutu, la lave, le loto, vaste

r R r R

robot

1 **J'écoute l'histoire : Les feuilles d'automne.**

➤ Texte et questions de compréhension : www.methode-lecture-salto.com

2 **Je cherche des mots où j'entends « r » dans l'image ci-dessus.**

3 **Je cherche l'intrus.**

4 **Je lis en suivant les flèches.**

r	é →	ré	ré	o →	r →	or	or
	a →	ra	ra	i →	r →	ir	ir
	e →	re	re	a →	r →	ar	ar
	u →	ru	ru	u →	r →	ur	ur

5 **Je lis les syllabes.**

● ra • ré • te • ur • ro • sar • tor • ral • sir • vul

6 **Je lis les mots.**

■ la vérité • la sortie • l'arrivée • la tortue • la revue

■ la tarte • le rire • la rue • le rôti • la tirelire

7 **Je forme des phrases.**

Elle | ratisse → l' allée. / → le sol.

8 **Je lis les phrases.**

▲ La tortue **est** sortie.

▲ Elle arrive sur le sol.

9 **Je lis le texte.**

Issa ratisse l'allée **et** Ali rit. Éva arrive. **Elle** a réussi à lire. **Elle est** ravie.

10 **J'écris les mots dictés.**

rare, le rire, la tarte, la vérité, ravi

m M m M

moto

1 **J'écoute l'histoire : Un petit singe imprudent.**

➤ Texte et questions de compréhension : www.methode-lecture-salto.com

2 **Je cherche des mots où j'entends « m » dans l'image ci-dessus.**

3 **Je cherche l'intrus.**

4 Je lis en suivant les flèches.

m → a → ma *ma*
m → e → me *me*
m → i → mi *mi*
m → é → mé *mé*

m → u → r → mur
m → o → r → mor
m → i → l → mil
m → a → l → mal

5 Je lis les syllabes.

● ma • lo • mé • mi • sa • me • val • mur • mil • sam

6 Je lis les mots.

■ le mime • allumé • l'ami • murmuré • marmite

■ *le matelas • la momie • la mare • le mot • la rame*

7 Je forme des phrases.

Il / Elle	est	**sur**	le	matelas. / mur.

8 Je lis les phrases.

▲ Mamie a ramassé la tomate mûre.

▲ *Lami a vu le lama* ***sur*** *la rive.*

9 Je lis le texte.

Ali a ramé **et** Léo a vu Salto. Salto s'**est** assis **sur** le mur. Il a salué Ali **et** Léo.

10 J'écris les mots dictés.

la rame, la tomate, le vol, le mur

J'ai appris

► **À partir des dessins ci-dessous, j'explique ce que j'ai appris.**

a A 

a A avion

e E 

e E cheval

i I 

i I igloo

o O 

o O orange

u U 

u U usine

é É 

é É épée

Le **y**,
qui fait partie
des voyelles,
sera étudié
plus tard.

m M
m M moto

s S
s S serpent

l L
l L lune

v V
v V vélo

t T
t T tigre

r R
r R robot

Je m'entraîne

1 Je dis la voyelle que j'entends.

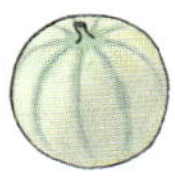

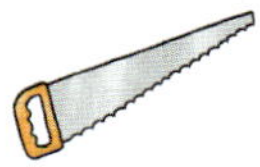

2 Je montre les voyelles dans les mots.

épine • canapé • lézard • animal • lune • mot

sac • nid • valise • porte • mule • justice

ÎLOT • RÔTI • PÂTE • PÔLE • FLÛTE

3 Je lis les syllabes.

- ro • ri • ar • ru • ré • rô • rû • or • ra • rî • râ • re
- tu • tâ • té • tô • til • tû • at • tî • ut • tar • te • to
- vir • vo • vû • ve • vô • val • ov • vî • uv • vâ • vu • vé
- lé • lur • le • la • lô • lî • lû • al • lis • lâ • il • lo • lir
- us • si • sâ • su • as • sor • se • su • sa • sî • sé • sô
- mi • mal • mû • mé • mo • im • mur • mar • mus

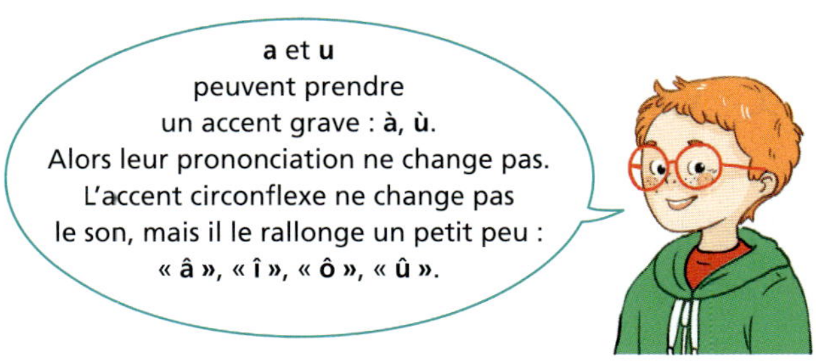

4 Je lis les phrases.

▲ Éva a réussi **à** lire la revue.

▲ Salto a vu le rat **sur** le matelas.

▲ Si Amélie arrive tôt alors **elle** lavera sa tasse.

▲ Le tutu a été sali **et** Amélie l'a lavé.

5 Je lis le texte.

Martina a mis la tortue **sur** le mur.
Elle a ramassé la tomate mûre. **Elle** l'a lavée.
La tortue l'a vite avalée **et elle est** ravie.

6 J'écris la dictée.

ra, su, il, to, mi, as, ve, ré

le sol, le mur, la rame

la tarte, la vérité

Le nom

1 Je nomme les images.

Tout a un **nom** :
les personnes,
les animaux,
les végétaux, les objets,
les lieux et
les émotions.

2 Je nomme les émotions représentées.

Il y a des **noms communs** et des **noms propres**.

3 Je montre le nom qui correspond à l'image.

vélo | Mila | revue | Éli

Le **nom propre** désigne une personne, un animal, un lieu ou une chose en particulier. Il commence par une **lettre majuscule**.

Le verbe

1 Je nomme chaque action illustrée.

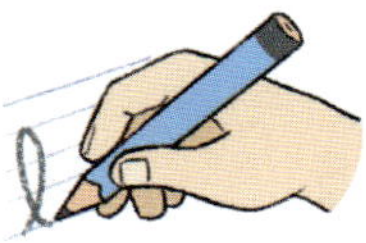

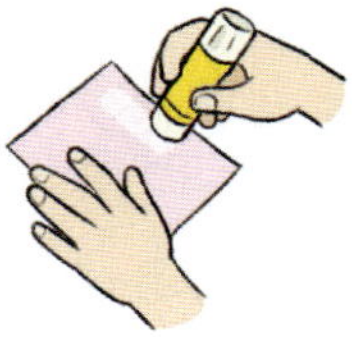

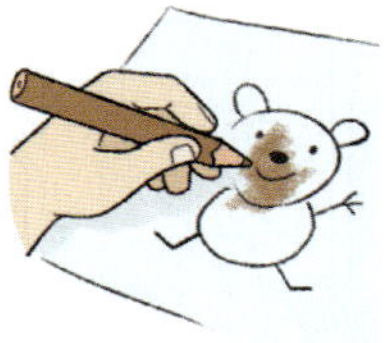

2 Je décris l'action de chaque personnage en utilisant un verbe.

La phrase

1 Je décris à voix haute cette illustration.

2 Je lis et j'explique ce que j'ai compris.

Éli a lu la revue sur Mars.

3 Je construis une phrase puis je l'écris.

vélo.	Mila	lave	le

L'école

1 J'observe l'image et je nomme ce que je vois.

2 Je montre et je nomme les objets que j'utilise en classe.

è ê ë

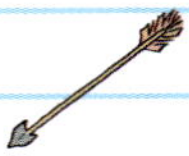
fl**è**che

for**ê**t

No**ë**l

1 J'écoute l'histoire : Le rêve.

➤ Texte et questions de compréhension : www.methode-lecture-salto.com

2 Je lis en suivant les flèches.

s → è → sè sè
l → è → lè lè
v → è → vè vè
t → r → è → trè

r → ê → rê rê
t → ê → tê tê
m → ê → mê mê
ë → l → ël ël
v → r → ë → vrë

3 **Je lis les syllabes.**

● rê • tal • tê • vol • mé • us • ël • mor • vè • se • vre

4 **Je lis les mots.**

■ têtu • la sève • l'élève • ma mère • le rêve

■ la tête • même • l'arête • amère • Noël

5 **Je forme des phrases.**

Ma / Sa	mère	se	lève	tôt. / vite.

6 **Je lis les phrases.**

▲ Maël a avalé l'arête et il a mal.

▲ L'élève s'est lavé la tête.

7 **Je lis le texte : LE RÊVE.**

Amélie est ravie. Elle a rêvé. **Sa** mère arrive et elle allume la lumière. Après, Amélie se lève.

8 **J'écris la dictée.**

Il a mal à la tête.

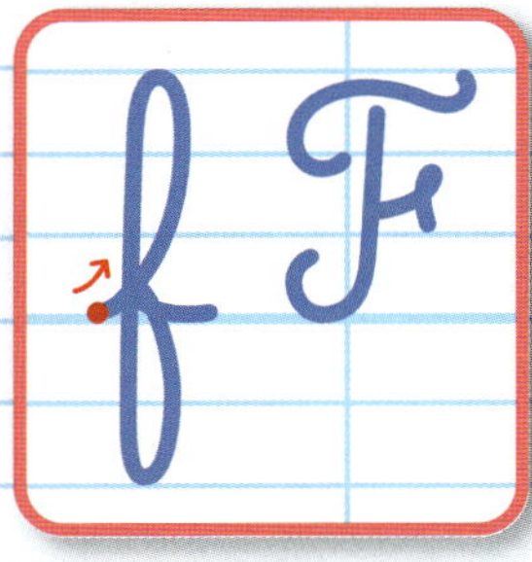

f F

fée

1 J'écoute l'histoire : Sur le sofa.

➤ Texte et questions de compréhension : www.methode-lecture-salto.com

2 Je lis en suivant les flèches.

f	a	→	fa	fa
	e	→	fe	fe
	i	→	fi	fi
	o	→	fo	fo

f	u	→	fu	fu
	é	→	fé	fé
	è	→	fè	fè
	ê	→	fê	fê

3 **Je lis les syllabes.**

● fa • fi • la • si • fu • ré • fo • fê • mu • ri • fre

● fé • fe • ma • or • tu • af • if • se • of • uf • tè

4 **Je lis les mots.**

■ la fumée • la fée • la fête • le safari • la file

■ *la formule • la forêt • le sofa • le fossé*

5 **Je forme des phrases.**

Tu | as → vu | la | fève.

Tu | as → tiré | le | fil.

6 **Je lis les phrases.**

▲ Éva va à la fête.

▲ Il s'arrête à la forêt.

▲ *Elle a la fève.*

▲ Léo est affolé.

▲ Elle tire le fil.

▲ *As-tu vu le film?*

7 **Je lis le texte : SUR LE SOFA.**

Le film s'arrête. Ali est assis sur le sofa. Sa mère arrive et la lumière se rallume. Ali rassure Issa.

8 **J'écris la dictée.**

Tu as vu le film.

n N n N

nid

1 J'écoute l'histoire : La Lune et Vénus.

➤ Texte et questions de compréhension : www.methode-lecture-salto.com

2 Je lis en suivant les flèches.

n → a → na na
n → e → ne ne
n → i → ni ni
n → o → no no

n → u → nu nu
n → é → né né
n → è → nè nè
n → ê → nê nê

3 **Je lis les syllabes.**

● na • sa • to • nu • mor • ni • ne • nê • nul • nè • no

4 **Je lis les mots.**

■ la minute • la tétine • la farine • la finale • l'âne

■ la narine • la sirène • venir • la nature

5 **Je forme des phrases.**

Éva | a | vu | **une** → amie. / revue.

6 **Je lis les phrases.**

▲ Le lilas est fané.

▲ Le navire file vite.

▲ La fête est finie.

▲ Nina est venue tôt.

7 **Je lis le texte : LA LUNE ET VÉNUS.**

Amélie a lu **une** revue sur la nature et elle a vu le film. Ali est venu. Il a vu la Lune et Vénus. Il est ravi.

8 **J'écris la dictée.**

Amélie a lu une revue.

d D

d D

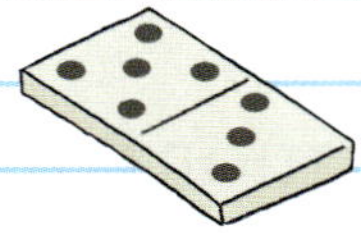

domino

1 J'écoute l'histoire : Le renard.

➤ Texte et questions de compréhension : www.methode-lecture-salto.com

2 Je lis en suivant les flèches.

d

a → da da
e → de de
i → di di
o → do do

d

u → du du
é → dé dé
è → dè dè
ê → dê dê

3 **Je lis les syllabes.**

● du • do • dê • né • di • fu • dè • dar • for • dol • de • dro

4 **Je lis les mots.**

■ le défilé • la salade • le modèle • le renard

■ dire • solide • la timidité • le domino • dur

■ mardi • la sardine • mordu • la dune

5 **Je forme des phrases.**

Un ami donne de la → marmelade / salade → à → David. / Odile.

6 **Je lis les phrases.**

▲ As-tu vu le défilé de mode ?

▲ Éva avale de la limonade.

7 **Je lis le texte : LE RENARD.**

Léo est timide. Il donne du lilas à Éva. Elle est ravie. **Un** renard est sorti de la forêt et il est venu. Il a mordu **un** radis. Léo l'a vu. L'animal a vite filé.

8 **J'écris la dictée.**

Léo est un ami de rêve.

ia io ié iè ui

piano

nuit

1 J'écoute l'histoire : Le rêve d'Éva.

➤ Texte et questions de compréhension : www.methode-lecture-salto.com

2 Je lis en suivant les flèches.

i
- a → ia ia
- o → io io
- é → ié ié
- è → iè iè

r
- ia → ria ria
- io → rio rio
- ié → rié rié
- iè → riè riè

n → u → i → nui

f → u → i → fui

l → u → i → lui

s → u → i → sui

t → u → i → tui

d → u → i → dui

3 Je lis les syllabes.

- vui • tui • sia • rio • sui • dié • fui • mio • fio
- dia • vio • sié • mia • dio • fia • nia • rui • nié

4 Je lis les mots.

- une tuile • la nuit • la salière • la rivière
- la lumière • un étui • la suite • la fuite
- la radio • une liane • tiède • une ruine

5 Je forme des phrases.

La | lionne | arrive | **alors** → Léo / Amélie → fuit.

6 Je lis les phrases.

- La nuit, la lionne a fui sur la dune.
- Sofia a allumé la radio.

Les **guillemets** indiquent qu'une personne parle.

7 Je lis le texte : LE RÊVE D'ÉVA.

Une nuit, Éva a rêvé. Une fée a murmuré :
« Tirlititi, tarlatata, tu voleras. ».
Alors Éva s'est levée puis elle a volé !
Elle est allée sur Saturne, sur Mars et sur Uranus.

8 J'écris la dictée.

Éva a vu la lumière alors elle se lève.

p P p P

pomme

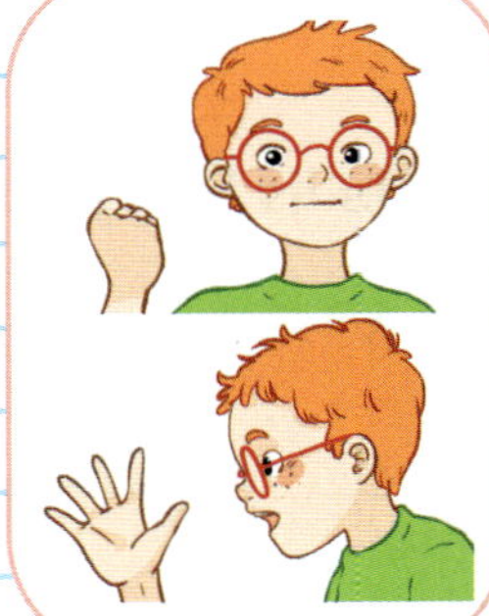

1 J'écoute l'histoire : L'as de la pâtisserie.

➤ Texte et questions de compréhension : www.methode-lecture-salto.com

2 Je lis en suivant les flèches.

p → a → pa pa
p → e → pe pe
p → i → pi pi
p → o → po po

p → u → pu pu
p → é → pé pé
p → è → pè pè
p → ê → pê pê

p → r → é → pré

3 Je lis les syllabes.

● pu • pi • mui • sia • pa • pe • pê • viè • lio • pé • pui • pre

4 Je lis les mots.

■ la tulipe • l'épée • la purée • l'épine • le léopard

■ le pull • le pirate • râpé • la parole • une pie

■ le piano • la porte • la piste • le départ

5 Je forme des phrases.

Les | pilotes | réparent | **les** → motos. / radios.

6 Je lis les phrases.

▲ Le pilote Paolo est sur le départ de la piste.

▲ Si Apolline répare sa moto, alors elle partira.

▲ Les pirates sortent du navire.

7 Je lis le texte : L'AS DE LA PÂTISSERIE.

Ali pèle **les** pommes mûres. Il étale la pâte à tarte. Sa mère est fière de lui. Elle dit à Issa : « Ali est un as de la pâtisserie ! » Le repas fini, le papa d'Ali démarre sa moto. Il dévale la rue et part à Paris.

8 J'écris la dictée.

Ali a pelé les pommes.

ou ou

ours

1 J'écoute l'histoire : La petite poule rousse.

➤ Texte et questions de compréhension : www.methode-lecture-salto.com

2 Je lis en suivant les flèches.

m ⟶ ou ⟶ mou mou

f ⟶ ou ⟶ fou fou

s ⟶ ou ⟶ sou sou

3 Je lis les syllabes.

• lou • mou • tou • rou • sou • fou • vou • nou • prou

4 **Je lis les mots.**

- la poupée • la moutarde • la souris • un ours • le four
- une moule • la foule • un sourd • lourde • la loupe
- une roue • la semoule • une toupie • la soupe • un sourire
- *la fourmi • une tour • la nourriture • une route*

5 **Je forme des phrases.**

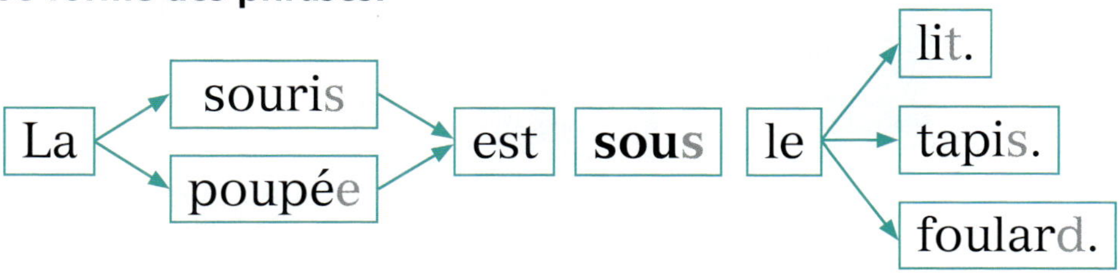

6 **Je lis les phrases.**

- La souris est **sous** le tapis. Elle dévore la nourriture.
- La moto roule vite sur la piste. Elle les dépasse tous.
- *Louis donne le pot de moutarde à Marilou.*

7 **Je lis le texte : LA PETITE POULE ROUSSE.**

Le renard a vu la petite poule rousse sur la route. Elle est dodue et il est affamé. Futé, il se tapit **sous** la mousse. Sur son vélo, Louis arrive. Il l'a vu et Amélie de même. Le renard a fui. Ouf ! La petite poule rousse ne sera pas dévorée !

8 **J'écris la dictée.**

La petite poule est sur la route.

b B b B

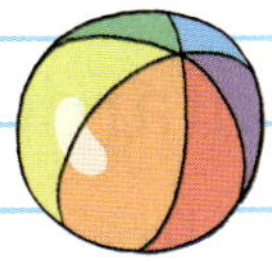

ballon

1 J'écoute l'histoire : Le bal de samedi.

➤ Texte et questions de compréhension : www.methode-lecture-salto.com

2 Je lis en suivant les flèches.

b → a → ba ba
b → e → be be
b → i → bi bi
b → o → bo bo

b → r → i → bri

b → u → bu bu
b → é → bé bé
b → è → bè bè
b → ê → bê bê
b → ou → bou bou

3 **Je lis les syllabes.**

● bu • pu • ba • bi • di • bé • pou • bo • bou

● sub • bus • bab • ébé • ubu • ibi • bar • bul

4 **Je lis les mots.**

■ une bosse • une balle • le lavabo • la bouée

■ le robot • le boa • la bête • la barbe • un bébé

■ la poule • la boule • la date • la patte

5 **Je forme des phrases.**

Ses élèves dévorent → mes radis. / tes pommes. / des bananes.

6 **Je lis les phrases.**

▲ Salto tape sur des balles puis les rapporte à Léo.

▲ Barnabé a repassé mes jupes et tes pulls.

7 **Je lis le texte : LE BAL DE SAMEDI.**

Éva a donné une de **ses** robes à Amélie pour le bal de samedi. Salto a abîmé la robe d'Amélie. Léo a puni Salto. Pas de banane pour lui ! Salto boude. Alors **ses** amis lui pardonnent. Salto ira à la fête.

8 **J'écris la dictée.**

Éva a des robes pour la fête de samedi.

oi oi

oie

1 J'écoute l'histoire : L'armoire d'Éva.

➤ Texte et questions de compréhension : www.methode-lecture-salto.com

2 Je lis en suivant les flèches.

m → oi → moi moi
f → oi → foi foi
s → oi → soi soi
b → oi → boi boi
r → oi → roi roi

3 Je lis les syllabes.

● toi • foi • doi • loir • boi • poi • soir • voir • moi • noir

4 **Je lis les mots.**

- voilà • une boîte • l'avoine • le toit • l'armoire
- une poire • la mémoire • le bois • la voiture
- devoir • avoir • pouvoir • vouloir • savoir

5 **Je forme des phrases.**

Tu | vois | une → oie. / étoile. / poire.

Tu | dois → boire. / lire. / dormir.

6 **Je lis les phrases.**

▲ Voilà une boîte de petits pois sur l'armoire.

▲ Tu dois savoir les mois de l'année.

7 **Je lis le texte : L'ARMOIRE D'ÉVA.**

Le papi d'Éva est allé à la foire samedi. Il a rapporté du bois. Le mardi, il a raboté, martelé et vissé. Puis il a mis une porte pour finir l'armoire. Elle est ornée d'étoiles et d'**un** miroir. Le miroir a une forme de lune. L'armoire d'Éva est une réussite. Elle lui sera utile.

8 **J'écris la dictée.**

Tu vois une lune sur l'armoire.

an am en em

volcan

enveloppe

1 **J'écoute l'histoire : La fuite de Salto.**

➤ Texte et questions de compréhension : www.methode-lecture-salto.com

2 **Je lis en suivant les flèches.**

b → en → ben		d → em → dem
s → en → sen		t → em → tem
p → an → pan		v → am → vam
f → an → fan		r → am → ram

3 Je lis les syllabes.

- fan • lan • man • tan • dan • amb • amp
- sen • len • men • emb • emp • emm • ven

4 Je lis les mots.

- maman • la danse • une ampoule • la tente • le vent
- les aliments • un volant • la lampe • un vampire • sentir
- la température • la tempête • la santé • un enfant

5 Je forme des phrases.

La | souris | va | **dans** | la → boîte. / roue.

6 Je lis les phrases.

- Éva danse en riant devant sa maman.
- Adam est malade. Il a de la température.
- Lilian et Amandine bavardent **dans** la tente.

7 Je lis le texte : LA FUITE DE SALTO.

Salto voit la petite souris. Il l'embête. Elle se défend et mord sa patte. Salto a mal et il s'enfuit **dans** la nature. La petite souris en profite pour sortir. De retour, Léo se dit : « Où est-elle ? ». Il la voit sur le sol. Vif, Léo l'attrape rapidement.

8 J'écris la dictée.

Salto fuit dans la nature.

j J

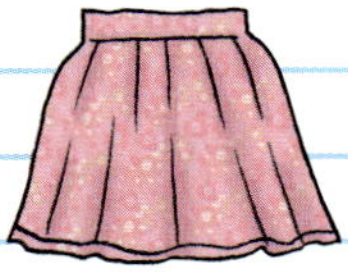

jupe

1 J'écoute l'histoire : Le judo.

➤ Texte et questions de compréhension : www.methode-lecture-salto.com

2 Je lis en suivant les flèches.

j → a → ja *ja*
j → e → je *je*
j → i → ji *ji*
j → o → jo *jo*

j → u → ju *ju*
j → é → jé *jé*
j → è → jè *jè*
j → ê → jê *jê*

3 **Je lis les syllabes.**

● ja • je • jé • joi • jè • jan • jou • jo • ju • jê

4 **Je lis les mots.**

■ joli • le jus • un jour • mijoté • un bijou • une jambe

5 **Je forme des phrases.**

L'	âne	est	**toujours**	affamé.
Le	loup			malade.

6 **Je lis les phrases.**

▲ Julie porte **toujours** un joli bijou.

▲ La jardinière donne une salade à Jasmine.

▲ *Amélie a jeté le javelot sur la piste.*

7 **Je lis le texte : LE JUDO.**

À la sortie du dojo, Léo dit à sa mamie :
« Je suis arrivé dans la salle de judo. Julie m'a vu et elle m'a salué. Elle est allée sur le tatami. Jasmine a été rapide. Elle a projeté Julie sur le sol. Tout étonnée, Julie s'est vite relevée. »
La mamie demande à Léo : « Jasmine ?
Est-elle **toujours** surprenante sur le tatami ? »

8 **J'écris la dictée.**

Léo se relève toujours du tatami.

J'ai appris

► **À partir des dessins ci-dessous, j'explique ce que j'ai appris.**

è È 

è È flèche

ê Ê 

ê Ê forêt

ë Ë 

ë Ë Noël

f F 

f F fée

n N 

n N nid

d D 

d D domino

j J 

j J jupe

p P 

p P pomme

b B 

b B ballon

Je m'entraîne

1 Je lis les mots.

- la finale • le défilé • une tornade • des étoiles
- des lumières • une jardinière • la fourmilière
- des amandes • une lampe • la température

2 Je lis le texte : UN MULOT RAPIDE.

Barnabé et Lilian jouent devant un tas de bois.
Un mulot en sort et passe entre les jambes
des enfants. Surpris, ils s'enfuient en riant.
Puis, revenant en arrière, ils ne le retrouvent pas.
Le petit animal a déjà disparu dans la nature !

3 J'écris la dictée.

Le mulot a disparu dans la nature.

Le déterminant et le nom : féminin ou masculin ?

1 **Je nomme les images en choisissant le bon déterminant.**

une ou **un** ?

la ou **le** ?

2 **Je lis et j'explique ce que j'ai compris.**

une	la l'
une tomate	la tomate
une salade	la salade
une forêt	la forêt
une amie	l'amie

un	le l'
un vélo	le vélo
un domino	le domino
un renard	le renard
un ami	l'ami

Le déterminant et le nom : singulier ou pluriel ?

1 Je nomme les images en choisissant le bon déterminant.

la, le ou les ?

la, le ou les ?

une, un ou des ?

une, un ou des ?

2 Je lis et j'explique ce que j'ai compris.

une	poupée	des	poupées
un	vélo	des	vélos
un	ami	des	amis

la	poupée	les	poupées
le	vélo	les	vélos
l'	ami	les	amis

La phrase et la ligne

1 Je lis et j'explique ce que j'ai compris.

Éli est assis sur le mur. Il lit un livre sur
les tortues. Léna arrive et le salue. Elle va
à la fête à vélo. Vite, Éli se lève et la suit.

2 Je compte les phrases. Puis je compte les lignes.

Romane a mis sa robe de fée. Elle est jolie.
Elle va à la fête de Sara. Romane a passé
une bonne journée. Elle est ravie !

La maison

1 **J'observe et je nomme ce que je vois.**

2 **Je montre la pièce de la maison qui correspond le mieux à l'action, et je la nomme.**

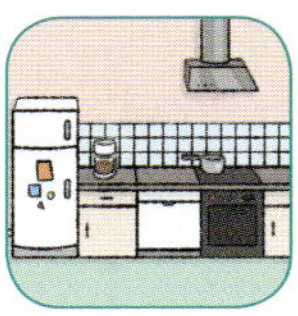

on om

on 11 onze
om

1 J'écoute l'histoire : Sur la piste.

➤ Texte et questions de compréhension : www.methode-lecture-salto.com

2 Je lis en suivant les flèches.

m → on → mon
f → on → fon
s → on → son
p → on → pon
v → on → von
p → l → on → plon

3 Je lis les syllabes.

• ton • non • lon • fron • don • plon • jon • blon • tron

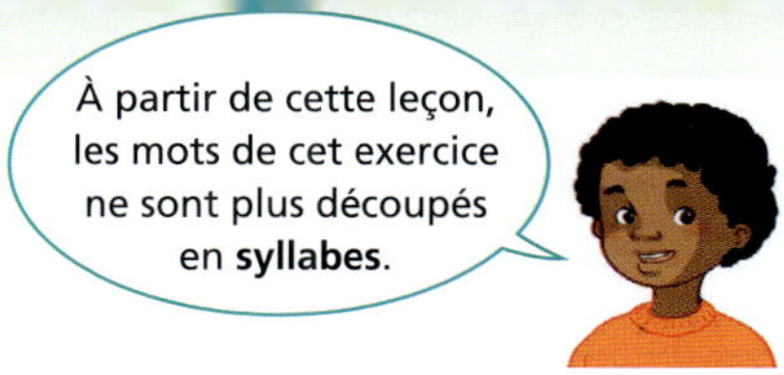

4 **Je lis les mots.**

■ le poisson • du savon • le menton • un bâton

■ *la pompe • la tombola • un pompon*

5 **Je forme des phrases.**

Nous → pouvons / voulons → boire un jus de → poire. / pomme.

6 **Je lis les phrases.**

▲ Mon ballon a rebondi sur la route.

▲ Marion a apporté des bonbons pour la tombola.

▲ *Nous avalons une bonne soupe de potiron.*

7 **Je lis le texte : SUR LA PISTE.**

Léo et Simon attendent les artistes sur la piste. Le numéro du lion arrive. Tout le monde est admiratif. Simon n'est pas rassuré. Il demande à son ami : « Pouvons-nous partir ? » Léo lui répond : « Non ! Salto s'est enfui ! Le vois-tu ? » Ouf ! Le funambule a retrouvé Salto.

8 **J'écris la dictée.**

Nous avons vu le lion bondir.

c C

cartable

1 J'écoute l'histoire : Une bonne soirée.

➤ Texte et questions de compréhension : www.methode-lecture-salto.com

2 Je lis en suivant les flèches.

c →	a →	ca
	o →	co
	u →	cu

c →	an →	can
	oi →	coi
	ui →	cui

3 Je lis les syllabes.

• ca • co • can • coi • cou • ac • oc • cru • cle

4 **Je lis les mots.**

- le lac • la dictée • la cantine • la cabane • le carton
- du coton • une corne • le tic-tac • le couloir

5 **Je forme des phrases.**

Je | dois | partir | **car** → l' | école | est | finie.
Je | dois | partir | **car** → le | bus | est | arrivé.

6 **Je lis les phrases.**

- ▲ Les canards vont à la mare.
- ▲ J'écoute le conte de la poule rousse.
- ▲ Elle dévore une tartine de confiture.
- ▲ La locomotive est cassée.

7 **Je lis le texte : UNE BONNE SOIRÉE.**

Une fois le repas fini, Amélie a enlevé et plié la nappe. Son père a lavé la casserole. Sa mère a apporté des tasses pour le café. Tout à coup, on a sonné à la porte. Un ami des parents d'Amélie est alors entré. Tout le monde a ri en écoutant son conte.

8 **J'écris la dictée.**

On rit car le conte est drôle.

q Q

k K

quille

koala

1 **J'écoute l'histoire : Le petit coq.**

➤ Texte et questions de compréhension : www.methode-lecture-salto.com

2 **Je lis en suivant les flèches.**

qu	a	→	qua
	e	→	que
	i	→	qui
	o	→	quo

k	a	→	ka
	e	→	ke
	i	→	ki
	o	→	ko

3 **Je lis les syllabes.**

● ka • kan • qui • ku • ké • que • quoi • kou • quan

4 **Je lis les mots.**

■ quatre • le képi • la quantité • les coquelicots

■ quarante • le karaté • un élastique • un kilomètre

5 **Je forme des phrases.**

Quand → iras-tu → à | la | cantine ?

Quand → iras-tu → en | Normandie ?

6 **Je lis les phrases.**

▲ Le kimono du judoka est sale.

▲ Amélie porte un masque le jour du carnaval.

▲ Kadiatou enlève son joli anorak kaki.

▲ Quand l'été arrive, les moustiques nous piquent.

7 **Je lis le texte : LE PETIT COQ.**

– Toc, toc, toc !

– Qui casse la coque ? demande Éva.

– Un petit coq ! Il est tout pâle ! répond Amélie.

– Pourquoi la poule le repousse-t-elle ? murmure Ali.

– Il est le plus petit de la couvée, remarque Léo.

– Et si nous l'adoptons, nous nous en occuperons à tour de rôle ! déclare Amélie.

8 **J'écris la dictée.**

Quand cassera-t-il sa coque ?

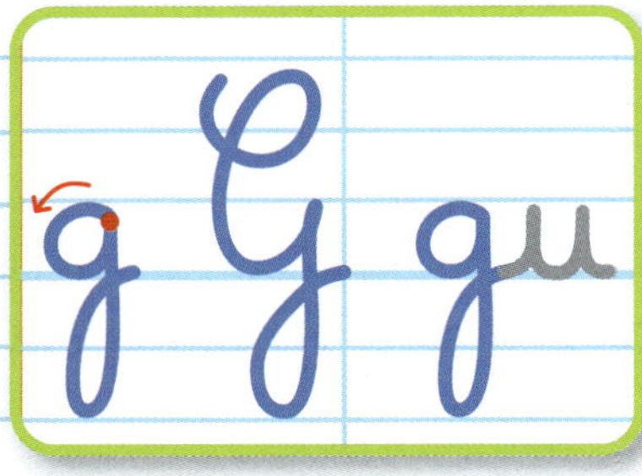

gG gu

gomme

guitare

1 J'écoute l'histoire : Sur la pirogue.

➤ Texte et questions de compréhension : www.methode-lecture-salto.com

2 Je lis en suivant les flèches.

g → a → ga
g → o → go
g → u → gu

gu → e → gue
gu → i → gui

3 Je lis les syllabes.

- ga • go • gu • gui • gue • gro • goi • gon • gan • glè • guê

4 **Je lis les mots.**

- une vague • ma figure • la guitare • le galop
- un guide • une bague • le golf • un triangle

5 **Je forme des phrases.**

Margot | parle | trop → vite. / fort.

6 **Je lis les phrases.**

- Elle a égaré sa gomme.
- Les légumes sont **trop** mûrs.
- Une guêpe a piqué Gaston.

7 **Je lis le texte : SUR LA PIROGUE.**

Samedi les quatre amis vont à vélo dans le parc, devant la gare. Salto s'est assis sur le guidon du vélo d'Éva. Quand ils arrivent, ils jouent dans la grande pirogue. Ils rient et crient fort. Puis ils sortent les gourdes et dégustent de bonnes figues. Fatigués, ils repartent et ils se séparent.

8 **J'écris la dictée.**

La pirogue est trop grande.

h H

h H

hibou

1 J'écoute l'histoire : Dans le hamac.

➤ Texte et questions de compréhension : www.methode-lecture-salto.com

2 Je lis les syllabes.

● hu • ha • ho • han • hou • oh • ah • his • hé

3 Je lis les mots.

■ le héros • un habit • un homme • un rhume

■ le thon • dehors • un haricot • un hamac • du thé

■ l'humidité • un homard • une hotte

■ *huit • l'histoire • un handicap • une housse*

4 **Je forme des phrases.**

				dans	l'	armoire ?
Pourquoi	le	ballon	est-il	sous	le	canapé ?
				sur	le	toit ?

5 **Je lis les phrases.**

- Il demande : « **Pourquoi** le hibou dort-il le jour ? »
- Héléna attend son tour à l'hôpital.
- Quand l'histoire est drôle, les enfants rient.
- L'hippopotame se roule dans la boue.
- *Le héron a de longues pattes.*

6 **Je lis le texte : DANS LE HAMAC.**

Dehors, un homme lit son journal dans son hamac tout en buvant une tasse de thé. En jouant, Salto tire sur lui et humidifie ses habits. Tout ébahi, l'homme relève la tête. Il ne voit pas de gouttes de pluie. Quand Salto tire encore une fois, l'homme le voit et comprend tout. Alors, il éclate de rire : « Ah ! Ah ! Ah ! ».

7 **J'écris la dictée.**

Pourquoi est-il dans son hamac ?

g
ge

girafe

1 J'écoute l'histoire : Un petit Salto gelé.

➤ Texte et questions de compréhension : www.methode-lecture-salto.com

2 Je lis en suivant les flèches.

g → e → ge
g → i → gi
g → é → gé

ge → o → geo
ge → a → gea

3 Je lis les syllabes.

• ge • gi • gea • gé • geo • geoi • geon • gean • gè

4 **Je lis les mots.**

- la magie • un manège • la nageoire • un gendarme
- rougir • des nuages • un garage • la boulangerie

5 **Je forme des phrases.**

Il gèle, **donc** elle a → pris ses moufles. / mis son anorak. / sorti sa luge.

6 **Je lis les phrases.**

- Georges range son pantalon rouge.
- Régina plonge et nage comme un poisson.
- Les pigeons roucoulent dans la grange.

7 **Je lis le texte : UN PETIT SALTO GELÉ.**

Il gèle dehors. Les quatre amis et Salto sortent. Ils montent sur les luges et glissent en riant. Salto a froid. Il est gelé et il grelotte. Le soir, sa gorge est rouge et il a mal à la tête. Léo lui donne des gouttes, du sirop et un bon potage de légumes. Salto sera donc vite guéri !

8 **J'écris la dictée.**

Sa gorge est rouge, donc il a mal.

ph

ph

phoque

1 J'écoute l'histoire : La photo de classe.

➤ Texte et questions de compréhension : www.methode-lecture-salto.com

2 Je lis en suivant les flèches.

ph → a → pha
ph → i → phi
ph → o → pho

ph → e → phe
ph → u → phu
ph → é → phé

3 Je lis les syllabes.

• phi • phu • phar • phan • phé • phus • phe • phos

4 **Je lis les mots.**

- une photocopie • le téléphone • un saphir
- le phoque • Sophie • un trophée • un phare

5 **Je forme des phrases.**

Qui a allumé / cassé le phare de la moto ?

6 **Je lis les phrases.**

- Stéphanie a vu le sarcophage du pharaon.
- Les élèves ont regardé le plan de la classe.
- Séraphine a photographié les nénuphars.

7 **Je lis le texte : LA PHOTO DE CLASSE.**

Philippe, le père d'Éva, est photographe. Il est venu à l'école pour prendre la photo de classe. Les élèves se sont assis et ils attendent. Tout à coup, le téléphone de Philippe sonne et il répond. Il parle longtemps. Les élèves gigotent et se bousculent. Catastrophe ! Léo tombe sur le coude. Il est vite conduit à l'hôpital. La photo est reportée !

8 **J'écris la dictée.**

Qui est venu pour la photo?

ch

ch

chat

1 J'écoute l'histoire : Dans le chêne.

➤ Texte et questions de compréhension : www.methode-lecture-salto.com

2 Je lis en suivant les flèches.

ch	a →	cha
	i →	chi
	o →	cho
ch	e →	che
	u →	chu
	é →	ché

3 Je lis les syllabes.

- chi • cho • cha • che • chon • chou • choi • chè
- ché • chu • phi • chan • char • pha • ché • phan

4 **Je lis les mots.**

■ une affiche • une chanson • une mouche

■ du chocolat • la boucherie • la pêche

5 **Je forme des phrases.**

Où → est le cheval ?

Où → sont les chatons ?

6 **Je lis les phrases.**

▲ **Où** Charlotte cache-t-elle sa peluche ?

▲ Sacha se dépêche car le bus est arrivé.

▲ Charlie sort un mouchoir de sa poche.

7 **Je lis le texte : DANS LE CHÊNE.**

Après avoir regardé les vaches dans le champ, Léo et Salto vont voir le cheval dans l'écurie. Le caniche dort dans sa niche, et la chatte lèche ses chatons dans la grange. À côté des ruches, des bûcherons coupent du bois pour la cheminée. Où Salto est-il passé ? Il s'est réfugié dans le chêne quand les oies l'ont poursuivi. Un bûcheron le récupère. Ensuite, Salto retrouve Léo.

8 **J'écris la dictée.**

Où se trouve le cheval ?

cl fl bl

pl gl sl

clé

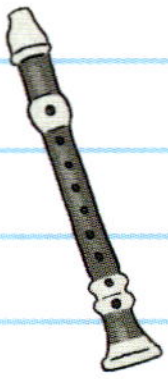

flûte

1 J'écoute l'histoire : Le cartable vidé.

➤ Texte et questions de compréhension : www.methode-lecture-salto.com

2 Je lis en suivant les flèches.

c → l → a → cla

f → l → o → flo

b → l → e → ble

p → l → u → plu

g → l → é → glé

s → l → i → sli

3 Je lis les syllabes.

● clo • col • cla • cal • coul • fil • fli • foul • flou

● bal • bla • blu • bul • blon • glo • gol • gla • gal

● plo • pho • pol • clou • chou • clan • chan • plan

4 **Je lis les mots.**

- la classe • la chasse • le col • la cloche • la bouche
- la pluie • le pull • le slalom • le salon • le gland
- un ongle • un oncle • un plat • une palme

5 **Je forme des phrases.**

Léo | **ne** | voit | **plus** | sa → flûte. / balle.

6 **Je lis les phrases.**

- Le ballon de Florian est tout dégonflé.
- Mon oncle **n'**a **plus** son téléphone portable.
- La cloche de l'école retentit dans la cour.

7 **Je lis le texte : LE CARTABLE VIDÉ.**

Léo est sorti. Salto a trouvé son cartable dans sa chambre. Il l'a vidé. Il a plié et cassé la règle plate. Ensuite, il a jonglé et jeté la balle sur le lit. Puis il a soufflé et mordu dans la flûte. Pour finir, il a glissé la clé sous le tapis. Quand Léo rentre, il découvre son cartable vide. Où est sa clé ?

8 **J'écris la dictée.**

Léo ne trouve plus sa clé.

pr tr br cr
fr vr gr dr

montre

1 J'écoute l'histoire : Un ogre très drôle.

➤ Texte et questions de compréhension : www.methode-lecture-salto.com

2 Je lis en suivant les flèches.

p → r → a → pra b → r → e → bre
t → r → o → tro f → r → i → fri
c → r → u → cru v → r → é → vré

3 Je lis les syllabes.

● pro • por • trou • tour • dra • dar • bro • bor
● cra • cour • grou • gour • froi • fran • vra • tren

4 Je lis les mots.

■ un arbre • une barbe • une montre • une chèvre

■ un fruit • fuir • l'orthographe • du sucre

5 Je forme des phrases.

Tromimi → est très → drôle.

L' ogre → est très → gros.

6 Je lis les phrases.

▲ Il est très content, car son ami lui prête sa grue.

▲ Grégoire prépare une tarte à l'abricot.

7 Je lis le texte : UN OGRE TRÈS DRÔLE.

Issa n'arrive pas à dormir, car ses amis lui ont parlé d'histoires d'ogres. Sa mère le rassure en le prenant dans ses bras. Elle lui raconte alors l'histoire d'un ogre très drôle qui s'appelle Tromimi. Il fabrique des bonbons. Il raffole des frites, du fromage, des crêpes et de la crème à la pistache. Issa se calme en écoutant l'histoire et s'endort. Sa maman le recouche puis elle sort.

8 J'écris la dictée.

Tromimi est un ogre très drôle.

ec er el es
elle erre enne
esse ette

escargot

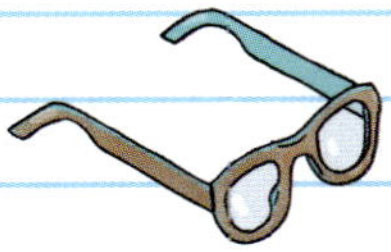
lunettes

1 J'écoute l'histoire : La caverne.

➤ Texte et questions de compréhension : www.methode-lecture-salto.com

2 Je lis les mots.

Avec ec, er, el, es, ep, ef, et :

- un chef • la mer • du sel • le fer • sec • net
- la veste • un reptile • une perle • la lecture

Avec elle, erre, esse, ette, enne :

- l'assiette • la vitesse • un renne • la dînette
- un verre • la pierre • une échelle • la pelle

3 **Je forme des phrases.**

Je → joue / discute → **avec** → Abel. / mon amie.

4 **Je lis les phrases.**

▲ Manuel se promène près de la ferme avec Juliette.

▲ Le chef prépare des assiettes de fruits de mer.

▲ *Colette pousse sa brouette remplie d'asperges.*

5 **Je lis le texte : LA CAVERNE.**

Les quatre amis sont partis dans la forêt avec Pierre et Salto. Ils ont emporté des gourdes, des assiettes, des fourchettes et des verres pour le pique-nique. Ils mangeront une omelette et une galette est prévue pour le dessert. Salto se nourrira de rondelles de bananes. Tout à coup le tonnerre gronde et la pluie tombe. Tout le monde court vers la passerelle et s'abrite dans une caverne. Brusquement, Salto pousse un cri. Il a cru voir un serpent. Ses amis le rassurent, car il ne s'agit que d'un gros ver de terre !

6 **J'écris la dictée.**

Léo s'abrite avec ses amis.

J'ai appris

► **À partir des dessins ci-dessous, j'explique ce que j'ai appris.**

c C 

c C cartable

q Q 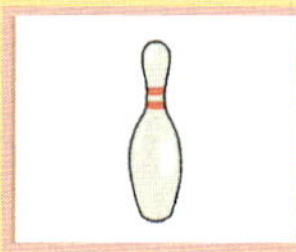

q Q quille

k K 

k K koala

ge gi 

ge gi girafe

ph 

ph phoque

g G 

g G gomme

gu 

gu guitare

ch 

ch chat

on 11

on onze

Je m'entraîne

1 Je lis les syllabes.

- bon • von • jon • son • don
- ca • quoi • que • qui • kou
- ga • goi • gui • gan • gué
- ge • gi • gea • geoi • geon
- ha • oh • hé • phi • phon
- chi • chou • chon • choi
- cli • flou • bloi • blon • glan
- pren • dru • gron • net • sec

2 Je lis les mots.

- le biberon • la locomotive • un kimono • la qualité
- une gomme • des légumes • la guitare • le pigeon
- une hutte • un éléphant • un chaton • la bouche
- l'ongle • un flacon • des tresses • un volcan
- un escargot • un dragon • des brocolis

3 Je lis les phrases.

- Il a **donc** reproduit un modèle avec sa règle.
- **Où** irons-**nous** voir un **très** bon film ?
- **Pourquoi** avons-**nous** versé **trop** de jus ?
- **Quand** arriverons-**nous** à la gare ?
- Qui dort dans le hamac ?

4 J'écris la dictée.

Nous sortons car il ne gèle plus.

L'adjectif qualificatif et le nom : féminin ou masculin ?

1 J'explique ce qui est différent dans ces deux images.

2 Je lis et j'explique ce que j'ai compris.

un	petit vélo	une	petite voiture
un	vélo noir	une	voiture noire
le	joli vélo	la	jolie voiture

3 Je choisis un adjectif pour décrire chaque élément.

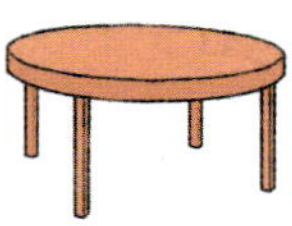
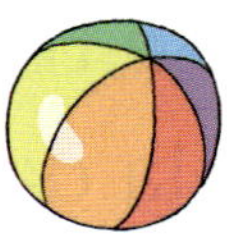

la table	un ballon	le sac	une tortue
•	•	•	•
•	•	•	•
rond	verte	ronde	vert

L'adjectif qualificatif et le nom : singulier ou pluriel ?

1 Je lis et j'explique ce que j'ai compris.

un coq   un petit coq   des petits coqs

une poule   une petite poule   des petites poules

2 Je lis et j'explique ce que j'ai compris.

la moto rouge	les motos rouges
le camion rouge	les camions rouges

Au pluriel, on ajoute le plus souvent un **s** à la fin de l'adjectif. Parfois, on ajoute un **x**.

3 Je montre les adjectifs qui peuvent compléter la phrase.

petit   petites   vertes   verte

Tom regard les .... voitures ....

La phrase affirmative et la phrase négative

1 Je lis et j'explique ce que j'ai compris.

Léna court.

Léna **ne** court **pas**.

2 Je lis les phrases et j'explique ce que j'ai compris.

La toupie tourne vite.	La toupie **ne** tourne **pas** vite.
Sara va à la patinoire.	Sara **ne** va **pas** à la patinoire.
Léon écoute ses amis.	Léon **n'**écoute **pas** ses amis.

3 J'écris chaque phrase à la forme négative.

- Julie lit un livre à la bibliothèque.
- Ils arrivent à l'école.
- La luge de Romane va très vite.
- Manon va à son cours de poterie.
- Tom et Léna regardent un film comique.

Pour écrire une phrase à la forme **négative**, on utilise le plus souvent « **ne… pas** ».

Les familles de mots

1 **Je lis les mots et j'explique ce que j'ai compris.**

un **chat**

une **chat**te

un **chat**on

écrire	**écri**t	l'**écri**ture
soir	**soir**ée	bon**soir**

2 **Je trouve les familles de mots. Je m'aide de l'exemple en rose.**

canard	salir	utile	**coll**e
inutile	caneton	dé**coll**é	utilité
sale	**coll**age	cane	saleté

3 **Je nomme deux mots de la même famille que jour, puis je les écris.**

Les mots de la même famille se ressemblent. C'est parce qu'ils ont le même **radical**.

ai ei et

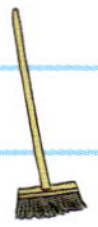

bal**ai**

bal**ei**ne

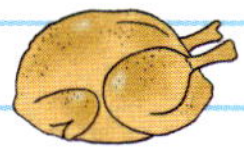

poul**et**

1 **J'écoute l'histoire : L'anniversaire.**

➤ Texte et questions de compréhension : www.methode-lecture-salto.com

2 **Je lis les syllabes.**

● fai • lai • cai • mai • glai • sai • vrai • chai

● mei • trei • nei • plei • vei • bei • rei

3 **Je lis les mots.**

■ l'aile • la veine • pleine • fraîche • le carnet • le chalet

■ l'aigle • un portrait • le robinet • le filet • une graine

■ *un gobelet • un bouquet • la semaine • le tabouret*

4 Je forme des phrases.

J' | ai | fait | une | tarte | **mais** | elle | est | trop → sucrée. / cuite.

5 Je lis les phrases.

▲ Madeleine dessine un perroquet à la craie.

▲ *La neige est tombée **mais** elle a vite fondu.*

6 Je lis le texte : L'ANNIVERSAIRE.

Amélie fête son anniversaire. Elle a mis son costume de pirate. Ses amis arrivent tous costumés. Éva est en reine. Sa robe a une longue traîne. Ali porte des bottes marron et une cape noire de capitaine de navire. Léo est un roi avec sa couronne. Salto est là avec son béret et son petit gilet de laine. Tous ensemble, ils jouent avant qu'Amélie souffle ses bougies. Ali, Léo et Éva lui offrent un joli paquet. Elle l'ouvre et découvre une paire de jumelles. Ensuite, tout le monde se régale mais la fête se termine. Ils ont passé un bon après-midi.

7 J'écris la dictée.

J'ai aimé la fête mais elle est finie.

au eau

chaussure

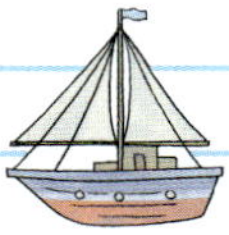
bateau

1 J'écoute l'histoire : La sortie au château.

➤ Texte et questions de compréhension : www.methode-lecture-salto.com

2 Je lis les syllabes.

● mau • tau • sau • dau • rau • glau • chau • vau

● teau • seau • deau • reau • beau • bleau • veau

3 Je lis les mots.

■ un poireau • un seau • la peau • le chapeau

■ jaune • la beauté • nouveau • la chauve-souris

■ *le manteau • mes chaussures • un gâteau*

4 **Je forme des phrases.**

Les | élèves | vont | **au** → bord | de | l' | eau.
→ château.

5 **Je lis les phrases.**

▲ Le taureau, la vache et le veau broutent dans le pré.
▲ À l'aube, les lions vont boire **au** bord de la rivière.
▲ Le chameau dort sous le chapiteau.
▲ *Laureline admire un tableau de Monet.*

6 **Je lis le texte : LA SORTIE AU CHÂTEAU.**

Aujourd'hui, toute la classe fait une sortie au château fort. Les élèves franchissent d'abord le pont-levis qui enjambe les douves. Puis ils montent tout en haut du donjon. Ils découvrent une belle vue sur les alentours. Dans la salle des banquets, ils admirent un beau tableau sur le mur. Ensuite, ils pique-niquent dans le parc. L'après-midi, ils regardent un maréchal-ferrant qui ferre un cheval dans la forge. Ils voient aussi un faucon et même un crapaud. Le soir, l'autocar les ramène à l'école.

7 **J'écris la dictée.**

Les élèves vont au château.

eu œu

feu

fleur

nœud

cœur

1 **J'écoute l'histoire : La classe de mer, quel bonheur !**

➤ Texte et questions de compréhension : www.methode-lecture-salto.com

2 **Je lis les syllabes.**

eu et **œu** se chantent de deux manières : comme dans feu et nœud ou comme dans fleur et cœur.

- leu • feu • jeu • bleu • creu • preu • vœu • nœu
- peur • leur • cœur • beur • teur • sœur • feur • jeur

3 **Je lis les mots.**

- des feutres • jeudi • un vœu • la queue • un œuf
- le coiffeur • le bonheur • un aspirateur • neuf

4 **Je forme des phrases.**

Les | filets | de | **leur** → bateau / pirogue → sont → déchirés. / perdus.

5 **Je lis les phrases.**

▲ Le facteur terminera sa tournée dans trois heures.

▲ Matthieu répare l'ordinateur du directeur.

▲ Les artistes accrochent **leur** œuvre d'art.

6 **Je lis la lettre : LA CLASSE DE MER, QUEL BONHEUR !**

Pornic, le 28 avril

Chers papa et maman,

Quel bonheur de vivre une semaine à la mer avec ma classe ! J'ai appris à faire des nœuds avec un navigateur qui a fait le tour du monde sur son bateau. Nous sommes allés à la pêche avec notre animateur. Mercredi soir, nous avons chanté autour d'un grand feu de plage. Je pense à ma petite sœur Diala. Je vous embrasse de tout mon cœur. À vendredi soir !

Éva

7 **J'écris la dictée.**

Les élèves écrivent leur lettre.

gn

champignon

1 J'écoute l'histoire : Guignol.

➤ Texte et questions de compréhension : www.methode-lecture-salto.com

2 Je lis les syllabes.

- gna • gne • gnai • gno • gnu • gné • gni • gnoi
- gnon • gneau • gnou • gneu • gneur • gnan

3 Je lis les mots.

- une ligne • un signe • la baignoire • l'araignée
- la signature • l'Espagne • des vignes • une châtaigne
- un signal • la campagne • la montagne • un beignet

4 **Je forme des phrases.**

Ils | iront → au | parc → **après** → le | repas.
Ils | iront → voir | Guignol → **après** → la | sieste.

5 **Je lis les phrases.**

▲ Agnès dessine un rossignol et un agneau.

▲ J'ai une égratignure et je saigne, donc je me soigne.

▲ *Les baigneurs se sèchent après la baignade.*

6 **Je lis le texte : GUIGNOL.**

Samedi après-midi, accompagnés de Salto, Amélie, Ali, Éva et Léo vont au parc. Ils se sont assis devant le théâtre de marionnettes pour voir Guignol. Tout à coup, le rideau s'ouvre et Guignol arrive ! Il porte un manteau marron et un chapeau noir. Guignol passe son temps à fuir le gendarme qui trépigne de colère. Dès que le gendarme apparaît, les enfants s'écrient : « Il est là ! Guignol, prends garde ! » Alors Guignol se sauve. Il joue de bons tours au gendarme. Les quatre amis ont beaucoup ri au théâtre de Guignol. Et Salto aussi !

7 **J'écris la dictée.**

Après le repas, les amis ont vu Guignol.

z Z z Z

zèbre

1 J'écoute l'histoire : Mozart.

➤ Texte et questions de compréhension : www.methode-lecture-salto.com

2 Je lis les syllabes.

● za • ze • zi • zo • zu • zé • zan • zou • zar • zur • zon • zig

3 Je lis les mots.

■ zéro • onze • douze • treize • seize • le zébu

■ le zèbre • quatorze • une gazelle • une dizaine

■ un trapéziste • le zoo • une azalée • un lézard

■ le gazon • du gaz • un zeste • un magazine

4 **Je forme des phrases.**

Mozart | écrivait | **souvent** | des → opéras. / → petites | mélodies.

5 **Je lis les phrases.**

▲ Zoé a acheté une douzaine d'huîtres au marché.

▲ *Les zébus traversent **souvent** la rizière.*

6 **Je lis le texte : MOZART.**

La classe part au conservatoire pour découvrir l'œuvre de Mozart. Les élèves apprennent que Mozart était un enfant prodige. À 6 ans, il écrivait de petites mélodies. Il partit faire le tour de l'Europe. Dans les palais, il jouait du piano devant les rois et les reines. Tout le monde l'admirait. Tout au long de sa vie, Mozart a créé beaucoup d'opéras. Il est mort jeune, à 35 ans, mais il nous a laissé une œuvre inoubliable. Les élèves écoutent alors quelques mélodies pour violons. En sortant, Ali dit : « Quand je serai grand, je serai chef d'orchestre ! »

7 **J'écris la dictée.**

Mozart jouait souvent pour les rois.

x X

boxeur

1 J'écoute l'histoire : Le saxophoniste.

➤ Texte et questions de compréhension : www.methode-lecture-salto.com

2 Je lis les mots.

« ks »	« gz »	« z »
la boxe	un exemple	deuxième
un index	elle exagère	sixième
le texte	il existe	dixième

« s »	
dix	une noix
soixante	la paix
trente-six	des cheveux

3 **Je forme des phrases.**

Elle joue **mieux** de la flûte / du piano **que** mon frère. / son oncle.

4 **Je lis les phrases.**

▲ Le taxi klaxonne pour avertir les piétons.

▲ Alexia jongle **mieux que** sa petite sœur.

▲ *Le cheval dort dans le box numéro dix.*

5 **Je lis le texte : LE SAXOPHONISTE.**

Le père d'Alexandre qui est saxophoniste entre dans la classe. Il sort différentes parties de son saxophone. Il les nomme en les montrant : le bec, le bocal, le corps… Il dit que le saxophone fait partie des bois et non des cuivres. Une fois le saxophone remonté, il joue un extrait du Boléro de Ravel, puis des airs de jazz. Éva lui demande : « Comment vous est venue l'idée de faire du saxophone ? » Il répond : « À douze ans, j'écoutais souvent Charlie Parker. Il m'a donné l'envie de devenir saxophoniste. »

6 **J'écris la dictée.**

Il joue mieux que lui en public.

s entre deux voyelles

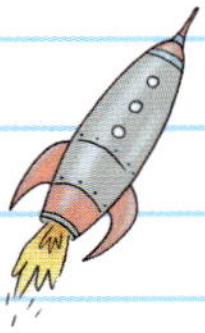
fusée

1 **J'écoute l'histoire : Venise.**

➤ Texte et questions de compréhension : www.methode-lecture-salto.com

2 **Je lis les mots.**

- les saisons • un arrosoir • la fraise • une confiserie
- les choses • un trésor • une visite • ma chemise
- des noisettes • une framboise • un dinosaure
- le poison • le poisson • une ruse • un Russe • un vase
- des éléphants • des arbres • mes amies • les étoiles
- tes assiettes • des olives • des ailes • des oiseaux

3 **Je forme des phrases.**

Il | ne → ramasse / mange → **jamais** | de → mûres. / fraises.

4 **Je lis les phrases.**

- ▲ Rosanne arrose les iris devant la maison.
- ▲ Élise offre un bouquet de roses à sa voisine.
- ▲ *Louise n'a jamais visité le musée du Louvre.*

5 **Je lis le texte : VENISE.**

Pendant les congés d'hiver, les grands-parents d'Ali l'ont emmené à Venise, en Italie. Pour la première fois, il a pris l'avion. Dès leur arrivée, ils sont montés dans une gondole pour parcourir les nombreux canaux qui traversent la ville. Le jour suivant, ils ont marché jusqu'au pont de l'Académie, puis ils ont admiré de luxueux palais. Le troisième jour, ils ont vu le carnaval. Tout le monde était déguisé avec des masques magnifiques. Ali gardera un souvenir inoubliable de sa visite à Venise !

6 **J'écris la dictée.**

Il n'avait jamais pris l'avion.

in ym ain ein un

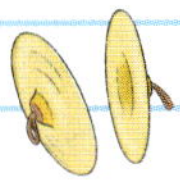
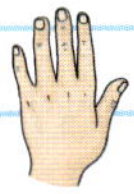
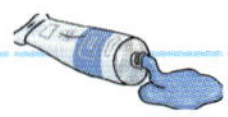

lapin · cymbales · main · peinture · 1 un

1 J'écoute l'histoire : Sur les chemins de montagne.

➤ Texte et questions de compréhension : www.methode-lecture-salto.com

2 Je lis les mots.

- des patins • impossible • le jardin
- un sapin • le matin • un imprudent
- olympique • le pantin • un ours brun
- mon parrain • un imperméable
- un train • du pain • les freins • chacun
- *le peintre • du thym • sympathique*

3 **Je forme des phrases.**

Léo / Éva → prendra → son bain / le train → **demain** → soir. / matin.

4 **Je lis les phrases.**

▲ Chaque lundi, mon parrain fait de la peinture.

▲ **Demain**, Romain coupera du thym.

▲ *Le cousin de Martin va venir en juin.*

5 **Je lis le texte : SUR LES CHEMINS DE MONTAGNE.**

Léo part à la montagne avec ses parents et sa petite sœur. Ils prennent un train puis un taxi pour se rendre à leur chalet. Le lendemain, ils partent en randonnée. Sur le chemin, Léo et sa sœur surprennent des marmottes et des bouquetins. Salto, très imprudent, s'amuse à courir en équilibre sur le bord d'un ravin. Soudain, il trébuche et tombe. Il roule alors tout en bas de la pente. Le père de Léo lui jette aussitôt une corde. Salto la saisit et remonte sain et sauf. Il n'a que quelques égratignures !

6 **J'écris la dictée.**

Demain, elle prendra le train à la gare.

ce ci ç

cerises

ciseaux

glaçon

1 J'écoute l'histoire : Le Petit Poucet.

➤ Texte et questions de compréhension : www.methode-lecture-salto.com

2 Je lis les mots.

La lettre c chante « **ss** » devant **i** et **e**. Il faut ajouter une **cédille** pour qu'elle chante « **ss** » devant **a**, **o** et **u**.

- le médecin • ce cinéma • ces lacets
- la leçon • un citron • le garçon • merci
- les Français • un reçu • des vacances • un concert
- un hameçon • les racines • le ciel • des glaçons
- *la chance • un accent • un commerçant*

3 **Je forme des phrases.**

Je	cours	**parce**	**que**	la	pluie	tombe.
Tu				le	train	arrive.

4 **Je lis les phrases.**

▲ Alice se pèse sur la balance de l'école.

▲ Vincent fait la grimace **parce que** le citron est acide.

▲ *Clémence et Patricia font de la balançoire.*

5 **Je lis le texte : LE PETIT POUCET.**

Le maître lit le conte du Petit Poucet à ses élèves :
« Il était une fois un petit garçon qui s'appelait le Petit Poucet. Il avait six grands frères. Un soir, il se glissa en cachette sous le tabouret de son père. Celui-ci dit à son épouse : « Nous n'avons plus d'argent pour nourrir nos enfants. Il faut les perdre dans la forêt. » Le lendemain, les parents emmenèrent leurs garçons et les abandonnèrent. Heureusement, le Petit Poucet avait semé des galets blancs sur le chemin. Ils retrouvèrent ainsi leur maison et leurs parents. »

6 **J'écris la dictée.**

Il a peur parce que la nuit tombe.

ill ail aill

papillon

éventail

médaille

1 J'écoute l'histoire : Le papillon.

➤ Texte et questions de compréhension : www.methode-lecture-salto.com

2 Je lis les mots.

Avec **ill** :

- des grillades • la chenille • le gorille • des lentilles
- la famille • un billet • le grillage • une cédille
- un oisillon • la vanille • une quille • une jonquille

Avec **ail, aill** :

- le rail • de l'ail • un détail • un portail
- la taille • le maillot • des cailloux • des volailles
- la paille • l'épouvantail • le paillasson

3 **Je forme des phrases.**

C'est	la fin	de	ce film.		
	le début		son livre.		

C'est → la fin / le début → de → ce film. / son livre.

4 **Je lis les phrases.**

▲ La petite fille marche avec des béquilles.

▲ Le poisson a des écailles brillantes.

▲ **C'est** Camille qui m'a offert un paquet de billes.

▲ *Guillaume joue à la bataille navale.*

5 **Je lis le texte : LE PAPILLON.**

Un jour, Julie a apporté une chenille en classe. Les élèves la nourrissent de végétaux. Un matin, ils la découvrent accrochée à une branche, la tête en bas. Elle a tissé son cocon. Au bout de quelques semaines, elle se métamorphose. Elle est devenue un papillon. Il a deux antennes et une trompe qu'il utilisera pour boire le nectar des fleurs. Grâce à ses deux paires d'ailes, ce papillon pourra prendre son envol dès l'ouverture du bocal.

6 **J'écris la dictée.**

C'est la chenille de Julie.

eil eill ouil ouill

abeille

grenouille

1 **J'écoute l'histoire : Cendrillon.**

➤ Texte et questions de compréhension : www.methode-lecture-salto.com

2 **Je lis les mots.**

Avec **eil, eill** :

- un conseil • une groseille • une oreille • une corbeille
- une veilleuse • meilleur • un appareil • un orteil

Avec **ouil, ouill** :

- le fenouil • des nouilles • la ratatouille • la fouille
- un brouillon • le bouillon • une grenouille

3 Je forme des phrases.

Je → travaille / surveille → **pendant** → les vacances. / une heure.

4 Je lis les phrases.

▲ Mireille entend le gazouillis des oisillons.

▲ *Le réveil sonne pendant mon sommeil.*

5 Je lis le texte : CENDRILLON.

En classe, Éva est fière de lire ce conte :
« Il était une fois une jeune orpheline surnommée Cendrillon. Elle travaillait beaucoup. Elle portait des haillons et son visage était barbouillé de suie. Un jour, toutes les jeunes filles se préparèrent pour le bal du roi, sauf Cendrillon ! D'un coup de baguette magique, sa marraine la fée transforma ses haillons en une robe merveilleuse et ses sabots en pantoufles de verre. Elle changea une citrouille en carrosse et des souris en chevaux. Cendrillon se rendit alors au bal et dansa toute la soirée avec le prince. »

D'après Charles Perrault.

6 J'écris la dictée.

Cendrillon dansa pendant la nuit.

J'ai appris

► **À partir des dessins ci-dessous, j'explique ce que j'ai appris.**

ai
ai 
balai

ei
ei 
baleine

et
et 
poulet

au
au 
chaussure

eau
eau 
bateau

eu
eu 
feu

œu
œu 
nœud

gn
gn 
champignon

ouil
ouil 
grenouille

eil
eil 
abeille

eu
eu 
fleur

œu
œu 
cœur

in
in

lapin

ain
ain
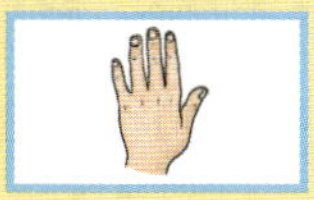
main

ein
ein
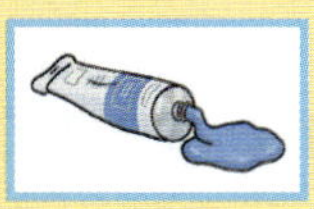
peinture

un
un
1
un

ym
ym
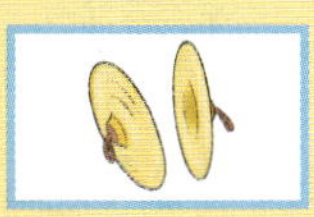
cymbale

ill
ill

papillon

ail
ail

éventail

aill
aill

médaille

x X
x X

boxeur

ce ci
ce ci

cerises

ç
ç

glaçon

z Z
z Z

zèbre

use
use

fusée

Je m'entraîne

1 Je lis les syllabes.

- pai • grei • chai • rei • mei • tai • bei • sai • cai
- lau • beau • nau • teau • seau • veau • frau • chau
- jeu • freu • deu • pleu • vœu • nœu • creu • bœu • euf
- gna • gui • gué • gnon • gnoi • gneur • guê • gni
- zo • zai • zan • zeau • zeu • zoi • zou • zon • ose • ison • usé
- main • tin • lun • sain • vain • rein • frein • pin
- ça • çoi • cen • çon • cein • ci • cé • ce • cin • çant
- ail • raille • tille • beille • douille • paille

2 Je lis les mots.

- l'alphabet • un portrait • le gilet • une veine
- la beauté • le manteau • jaunâtre • un poireau
- des cheveux • le bonheur • une œuvre • des nœuds
- une araignée • un agneau • la baignoire • un signal
- un trapèze • zéro • onze • une fraise • un musée
- deuxième • deux • une noix • la paix • la boxe
- impossible • le pantin • un peintre • chacun
- le médecin • la leçon • des vacances • le français
- un texte • un mixeur • le taxi • le saxophone
- une corbeille • une abeille • une citrouille
- un vitrail • une paille • la jonquille • l'oisillon

3 Je lis les phrases.

- Les élèves utilisent **souvent** un ordinateur.
- **Demain**, je nagerai après mon travail.
- Il vaut **mieux** conduire le jour **que** la nuit.
- Leur cousin est au lit **parce qu**'il a la grippe.
- C'est un bon film **mais** il est muet.
- Les moissons se font pendant l'été.

4 Je lis le texte : L'ASTRONAUTE.

Ali aimerait devenir astronaute pour découvrir l'espace. Il sait qu'il ne pourra jamais se rendre sur Jupiter, Saturne, Uranus ou Neptune, puisqu'il s'agit de planètes gazeuses. Peut-être sur Mercure, Vénus ou Mars ? Mais Mercure et Vénus sont les planètes les plus proches du Soleil : il doit faire trop chaud là-bas ! Ali a entendu dire que Mars pourrait un jour être habitable : elle a une atmosphère et de l'eau. Alors Ali est sûr de lui : il ira un jour sur Mars !

5 J'écris la dictée.

Les araignées tissent leur fil.

Le sujet et le verbe : singulier ou pluriel ?

1 Je lis et j'explique ce que j'ai compris.

L'enfant nage.

Les enfants nagent.

Quand plusieurs personnes, animaux ou choses font une action, il faut ajouter **nt** à la fin du verbe.

2 Je lis les phrases et j'explique ce que j'ai compris.

Singulier	Pluriel
Le bateau rentre au port.	Les bateaux rentrent au port.
L'enfant saute dans l'eau.	Les enfants sautent dans l'eau.
Une mouette vole dans le ciel.	Des mouettes volent dans le ciel.

3 Je lis la phrase et je montre l'image qui correspond.

Elle chante. | Elles chantent. | Il chante. | Ils chantent.

Le sujet et le verbe : être et avoir

1 Je lis et j'explique ce que j'ai compris.

être	avoir
Je **suis** à l'école.	J'**ai** un livre.
Tu **es** à l'école.	Tu **as** un livre.
Il **est** à l'école.	Il **a** un livre.
Elle **est** à l'école.	Elle **a** un livre.
Nous **sommes** à l'école.	Nous **avons** un livre.
Vous **êtes** à l'école.	Vous **avez** un livre.
Ils **sont** à l'école.	Ils **ont** un livre.
Elles **sont** à l'école.	Elles **ont** un livre.

2 Je choisis le verbe qui convient en m'aidant du tableau de conjugaison.

Il [est / suis] assis.

Elle [a / avez] un livre.

Ils [sommes / sont] à la plage.

La phrase et la ponctuation

1 Je lis les phrases en observant la ponctuation.

Tom et Léna jouent au jeu du portrait.

« Est-ce que c'est une fille ?

– Oui, c'est une fille.

– Est-ce qu'elle porte un chapeau ?

– Non, elle ne porte pas de chapeau.

– Est-ce qu'elle porte des lunettes ?

– Oui ! Quel est son nom ? »

2 Je réponds à chaque question en m'aidant du modèle suivant :
Oui, elle porte des lunettes.

– Est-ce que c'est un garçon ?

– Est-ce que ses cheveux sont roux ?

– Est-ce qu'il porte un chapeau ?

– Est-ce qu'il porte des lunettes ?

Les antonymes

1 Je lis les mots et j'explique ce que j'ai compris.

le **froid**	la **chaleur**	un **petit** frère	un **grand** frère
la **tristesse**	la **joie**	boire **vite**	boire **lentement**

2 Dans chaque phrase, je choisis le mot qui convient pour raconter la journée de Robin.

Un **antonyme** est un mot qui exprime le contraire d'un autre mot.

Le matin, Robin **se couche** / **se lève**.

Puis il boit un bol de chocolat **chaud** / **froid**.

Robin passe la **journée** / **nuit** à l'école.

Le soir / **le matin** il dîne avec son grand-père.

3 À mon tour, j'écris deux noms ou adjectifs avec leurs contraires.

euil ueil œil
euill ueill œill

écur**euil**

1 J'écoute l'histoire : L'écureuil.

➤ Texte et questions de compréhension : www.methode-lecture-salto.com

2 Je lis les mots.

Avec **euil, euill, œil, œill** :

- le faut**euil** • une f**euill**e • le portef**euill**e
- un chevreuil • un œil • un œillet

Avec **ueil, ueill** :

- un acc**ueil** • la c**ueill**ette • l'org**ueil**
- un cercueil • un recueil de poèmes

3 **Je forme des phrases.**

L' écureuil → cueille / mange → **plusieurs** → glands. / noisettes.

4 **Je lis les phrases.**

▲ J'ai laissé mon portefeuille sur le fauteuil.

▲ J'ai vu plusieurs chevreuils sur le chemin.

5 **Je lis le texte : L'ÉCUREUIL.**

L'écureuil possède une longue queue en panache, qui lui sert de gouvernail lorsqu'il grimpe ou bondit. Il se nourrit de pignons, de glands, de châtaignes, de noisettes, d'écorces, de bourgeons et de champignons. L'écureuil habite les bois, les forêts, les parcs et les jardins boisés. Le plus souvent, l'écureuil n'a qu'une seule portée de trois ou quatre petits par an. Les bébés naissent aveugles et sans poils. Leur pelage apparaît au bout de deux semaines. Vers quatre semaines, leurs incisives sortent et ils ouvrent leurs paupières. Les petits écureuils quittent le nid sous la surveillance de leur mère.

6 **J'écris la dictée.**

L'écureuil ramasse plusieurs glands.

er ez ied

rocher

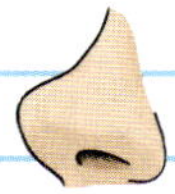

nez

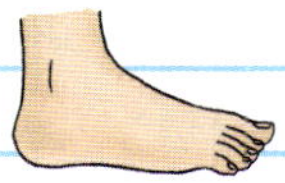

pied

1 J'écoute l'histoire : Un naufragé.

➤ Texte et questions de compréhension : www.methode-lecture-salto.com

2 Je lis les mots.

- le berger • le premier • un pommier • un boulanger
- vous nagez • un jardinier • assez • à cloche-pied
- vous jouez • vous mangez • vous sautez • expliquer

3 Je forme des phrases.

Vous → allez / irez → **chez** le → banquier. / boucher.

4 **Je lis les phrases.**

▲ Vous mangez souvent des fruits au goûter.

▲ Infirmier, charcutier, plombier sont des métiers.

▲ *Paul va bricoler chez le fermier.*

5 **Je lis le texte : UN NAUFRAGÉ.**

Sur le navire qui le ramène en Angleterre, Robinson Crusoé raconte son naufrage.

« J'étais mouillé et je n'avais pas d'habits pour me changer.

J'avais faim et j'étais sans nourriture.

J'avais soif et je n'avais pas d'eau potable.

J'étais malade et je ne pouvais pas me soigner.

Je n'avais aucune arme pour me défendre.
Je n'avais sur moi qu'un couteau.

À dire vrai, j'étais dépourvu de tout !

J'étais très isolé. Personne ne pouvait me porter secours. J'étais dans le désespoir et j'avais peur de mourir. »

D'après Daniel Defoe.

6 **J'écris la dictée.**

Le navire le ramène chez lui.

y Y

y Y

p**y**jama

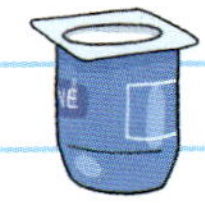
yaourt

1 **J'écoute l'histoire : Le gâteau au yaourt.**

➤ Texte et questions de compréhension : www.methode-lecture-salto.com

2 **Je lis les mots.**

y entre deux voyelles est égal à deux **i**.

y = i

- la p**y**ramide • une s**y**llabe • un c**y**gne
- le l**y**cée • un c**y**cliste • un x**y**lophone
- le yoga • un yo-yo • youpi • le yack • le yéti

y entre 2 voyelles

- le no**y**au • jo**y**eux • le ra**y**on • le cra**y**on • le tu**y**au
- le gruyère • une voyelle • un voyage • payé

3 **Je forme des phrases.**

Il y a → une jupe / un pyjama → à → rayures / pois → dans l' armoire.

4 **Je lis les phrases.**

▲ **Il y a** d'incroyables pyramides en Égypte.

▲ *Myriam et Yolaine voyagent à bicyclette.*

5 **Je lis la recette : LE GÂTEAU AU YAOURT.**

Ingrédients :

1 pot de yaourt nature
1 sachet de levure
3 œufs
1 pot d'huile
2 pots de sucre
1 noisette de beurre
3 pots de farine

- Verser le yaourt dans un saladier. Garder le pot pour doser les autres ingrédients.
- Ajouter les œufs et deux pots de sucre, puis mélanger avec une cuillère en bois.
- Ajouter les trois pots de farine, la levure et le pot d'huile.
- Fouetter pour avoir une belle pâte lisse.
- Beurrer un moule avec la noisette de beurre et y verser la pâte.
- Enfourner pendant 30 minutes, à 180° Celsius.
- Démouler le gâteau et le laisser refroidir.

6 **J'écris la dictée.**

Il y a un gâteau au yaourt.

ien

chien

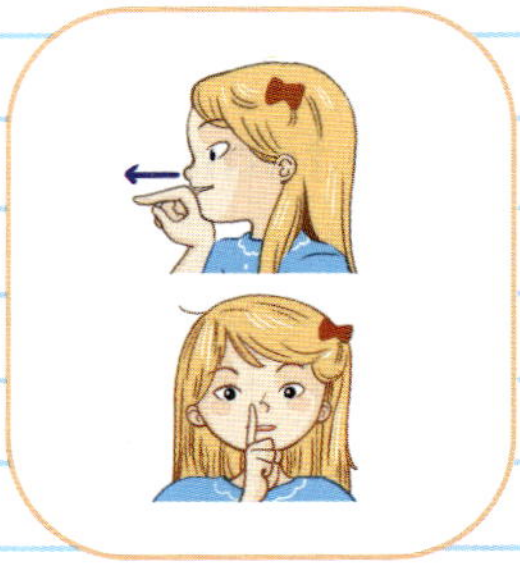

1 J'écoute l'histoire : Un métier, mécanicien.

➤ Texte et questions de compréhension : www.methode-lecture-salto.com

2 Je lis les mots.

- le tien • le mien • le sien • un ancien • combien
- les Indiens • un gardien • collégien • des Italiens
- un chirurgien • l'opticien • un pharmacien • bientôt

3 Je forme des phrases.

Ce	comédien	a	**bien**	préparé	son	numéro.
Le	magicien			réussi		

4 **Je lis les phrases.**

▲ Un informaticien connaît bien les ordinateurs.

▲ Le gardien surveille le magasin avec son chien.

▲ *Fabien applaudit les musiciens.*

5 **Je lis le texte : UN MÉTIER, MÉCANICIEN.**

Le mécanicien assure l'entretien des voitures. Il travaille dans un garage et il est vêtu d'une combinaison. Son métier consiste à trouver l'origine des pannes. Comme un détective, il mène son enquête en cherchant des indices.
Le mécanicien sait examiner, démonter, vérifier et remplacer toutes les pièces d'un véhicule.
Aujourd'hui, le mécanicien a des connaissances variées. Il doit être électricien pour réparer les pannes dans les circuits électriques des véhicules. Il utilise également des outils informatiques pour réaliser les vidanges et différents contrôles.
De plus en plus de femmes pratiquent ce métier. On les appelle des mécaniciennes.

6 **J'écris la dictée.**

Le mécanicien répare bien les voitures.

oin

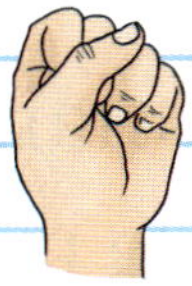
poing

1 J'écoute l'histoire : De la pointe de l'épée.

➤ Texte et questions de compréhension : www.methode-lecture-salto.com

2 Je lis les mots.

■ du foin • un témoin • lointain • une pointe • le soin

■ *les points • un coin • un besoin • rejoindre*

3 Je forme des phrases.

Ton	sac	est	**moins**	lourd / grand	**que**	le	sien. / mien.

4 **Je lis les phrases.**

▲ Oriane habite **moins** loin **que** Laurent.

▲ J'ai besoin de foin pour les chevaux.

5 **Je lis le texte : DE LA POINTE DE L'ÉPÉE.**

Au Moyen Âge, le seigneur possédait des terres et il devait servir le roi. Certains seigneurs habitaient dans un château fort construit sur des hauteurs. Sur le chemin de ronde, les sentinelles pouvaient voir les ennemis arriver de très loin. Dès l'âge de sept ans, les garçons de famille noble se formaient pour devenir chevaliers. Ils étaient d'abord pages, puis écuyers. Ils apprenaient à monter à cheval, à manier l'épée et le javelot, et à prendre soin de leurs armes. Enfin, ils étaient faits chevaliers lors de la cérémonie de l'adoubement. Le seigneur posait la pointe de son épée sur les épaules des nouveaux chevaliers. Ensuite, ces derniers lui prêtaient serment. Tous les autres chevaliers en étaient témoins.

6 **J'écris la dictée.**

Son épée est moins lourde que la mienne.

ti

ti

5 + 4

addition

1 **J'écoute l'histoire : Un roi prétentieux.**

➤ Texte et questions de compréhension : www.methode-lecture-salto.com

2 **Je lis les mots.**

- la potion • une opération • l'invitation • la soustraction
- la patience • un prétentieux • des acrobaties

3 **Je forme des phrases.**

On | calcule | **beaucoup** → d' additions. / → de soustractions.

4 **Je lis les phrases.**

▲ Puis-je voir ta belle collection d'images ?

▲ Je traverse avec **beaucoup** d'attention.

▲ *Quelle est l'initiale de votre nom ?*

5 **Je lis le texte : UN ROI PRÉTENTIEUX.**

Il était une fois un roi qui voulait les plus beaux habits de tout le royaume. Un jour, deux brigands dirent au roi qu'ils tissaient les étoffes les plus magnifiques et les plus légères du monde, mais que les vêtements réalisés avec ces étoffes étaient invisibles pour les imbéciles. On apporta alors aux brigands tout ce qu'ils demandèrent et on les laissa travailler. Quelques jours plus tard, ils firent semblant d'habiller le roi avec une chemise, un gilet et un manteau. Très fier, le roi organisa un défilé pour faire admirer son nouveau costume à son peuple. Soudain, dans la foule, un enfant s'écria : « Papa, maman, le roi est tout nu ! » Tout le monde a beaucoup ri et ce fut une bonne punition pour le roi !

D'après H. C. Andersen.

6 **J'écris la dictée.**

Les brigands ont beaucoup d'imagination.

w W

w W

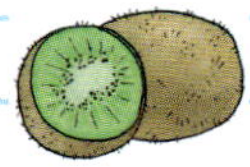

kiwi

wagon

1 Je lis les mots.

W = ou

un kiwi

un wapiti

le water-polo

le western

- le twist • le wasabi • le jeu d'awalé • le wok • le wi-fi

W = v

- le wagon • le wagon-restaurant • le wagonnet

2 Je lis les phrases.

- Le wallaby est un petit kangourou d'Australie.
- Le wapiti est un grand cerf d'Amérique du Nord.
- Le kiwi peut être un fruit ou un oiseau.
- Le western est un film avec des Indiens et des cowboys.
- Le water-polo est un sport qui se joue dans l'eau.
- *Le wasabi est une plante asiatique.*
- *Les voyageurs dorment dans des wagons-lits.*

sp st sc

sq sph pn

1 Je lis les mots.

- **sp :** un spectacle • un sportif • une spirale splendide • un spécialiste • un spéléologue
- **st :** un stylo • la station • le stade • le studio la statue • un stand • un stagiaire • un store
- **sc :** un scorpion • un scaphandre • un scarabée scolaire • un sculpteur • un score • un scribe
- **sq :** le squelette • un square • le squale • squelettique
- **sph :** la sphère • le sphinx • sphérique
- **pn :** un pneu • le pneumatique • une pneumonie

2 Je lis les phrases.

- Olivier dessine des spirales avec son stylo.
- Elle gonfle ses pneus à la station-service.
- Les sportifs s'entraînent dans le stade.
- William est un enfant studieux.
- Les spéléologues explorent la caverne.
- *La statue du sculpteur Walid est splendide.*
- *Le scorpion est un animal dangereux.*

J'ai appris

► **À partir des dessins ci-dessous, j'explique ce que j'ai appris.**

ez
ez 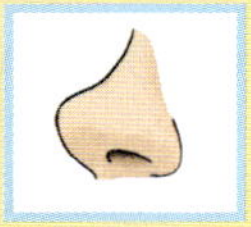 nez

er
er  rocher

ied
ied 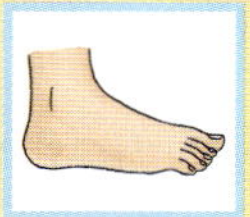 pied

euil
euil  écureuil

w W
w W  wagon

i I
i I  igloo

y Y
y Y  pyjama

w W
w W  Kiwi

ti
ti 5 + 4 addition

y Y
y Y  yaourt

Je m'entraîne

1 Je lis les syllabes.

- feuille • seuille • reuille • teuille • cueille • gueille
- tien • mien • lien • sien • rien • vien • chien • dien
- foin • moin • poin • loin • coin • soin • join • roin

2 Je lis les mots.

- la bouteille • le fenouil • un œillet • un œil • un accueil
- un écolier • le pied • un loyer • une syllabe • un crayon
- un magicien • un gardien • des points • lointain • un coin
- une récréation • la patience • un wagon • le kiwi
- un obstacle • un pneu • le scorpion • un disque

3 Je lis les phrases.

- **Il y a moins** de feuilles que de fleurs.
- Vous mangez **beaucoup** de pain.
- Le chien du berger surveille **bien** les moutons.
- Wilfrid achète ses yaourts **chez** l'épicier.
- Lucien a envoyé **plusieurs** invitations.

4 J'écris la dictée.

Il y a beaucoup de kiwis dans ton panier.

Le passé, le présent et le futur (1)

1 Je lis et j'explique ce que j'ai compris.

Hier, Romane dans**ait**.

Aujourd'hui, Romane dans**e**.

Demain, Romane dans**era**.

Le **verbe** exprime le moment de l'action. Sa forme change selon le temps : passé, présent ou futur.

2 Passé, présent ou futur ? Je montre le temps qui correspond à chaque phrase.

Maintenant, Ulysse dessine.

Plus tard, Ulysse lira un livre.

Demain, Ulysse ira au cinéma.

Hier, Ulysse jouait aux dominos.

Aujourd'hui, Ulysse est à l'école.

passé

présent

futur

Le passé, le présent et le futur (2)

1 **Je lis et j'explique ce que j'ai compris.**

L'année dernière, Rose **a visité** un parc à Toulouse. **C'était** le soir de la « Nuit des étoiles ». Avec sa maman et son petit frère Paul, elle **est entrée** dans un vaisseau spatial, puis elle **a observé** la Lune avec un télescope. Avant de partir, Rose **a acheté** une carte sur les constellations.

2 **Je raconte l'histoire au présent. Je commence par : « Aujourd'hui,** Rose… **»**

3 **Puis, je raconte l'histoire au futur. Je commence par : « La semaine prochaine,** Rose… **»**

4 **Je complète chaque phrase avec le mot qui convient : hier, aujourd'hui ou demain.**

Lucas a **choisi** des livres de contes…

Les enfants **vont** à la piscine…

Clara **visitait** un musée d'art…

Nous **jouerons** au ballon dans le parc…

hier

aujourd'hui

demain

GRAMMAIRE

La phrase avec un complément

1 Je réponds aux questions et j'explique ce que j'ai compris.

Quand ?

Tom a vu son ami **le matin**.

Tom a vu son ami **le soir**.

Où ?

Sarah se promène **en ville**.

Sarah se promène **en forêt**.

Quoi ?

Léna répare **son robot**.

Léna répare **son vélo**.

2 J'invente deux phrases avec un complément pour décrire l'image.

Les synonymes

1 Je lis et j'explique ce que j'ai compris.

une voiture

une automobile

un docteur

un médecin

aimer

chérir

2 Je lis et j'explique ce que j'ai compris.

le **bateau** le **navire**

une histoire **amusante** une histoire **drôle**

courir **vite** courir **rapidement**

3 Je remplace chaque mot écrit en rouge par un mot de même sens. Je m'aide des mots suivants :

offre jolie ravie observe

- Arthur **regarde** les animaux de la ferme.
- Manon a gagné une très **belle** montre.
- Elle est **heureuse** car elle joue avec ses cousins.
- Jules **fait** un cadeau à son ami pour son anniversaire.

L'ordre alphabétique

1 Je lis l'alphabet.

a b c d e f g

h i j k l m n

o p q r s t

u v w x y z

2 Je lis les mots et j'explique comment ils sont rangés.

ardoise ballon caravane dinosaure éléphant
fusée galette hibou image jeudi koala lumière
manteau noix otarie poupée quille renard stylo
train usine violon wagon xylophone yoga zéro

3 Je classe les mots de chaque liste dans l'ordre alphabétique.

- vache poule cochon brebis
- pompier jardinier boulanger vétérinaire
- tulipe rose pâquerette marguerite
- orange pomme banane kiwi

Des mots à savoir lire

ch = k

- un orchestre • une chorale • un chronomètre • un écho

um = omm

- un aquarium • un muséum • un podium • un album

ï et ë se lisent séparément

- une mosaïque • du maïs • un canoë • un caïman

oo = ou

- un igloo • un scooter • un footballeur • un cookie

sc = s

- la scène • un scénario • la science • la scierie • la scie

en = in

- un agenda • un lycéen • un examen • un moyen • un doyen

aon = an

- un faon • un paon • le taon • la flûte de paon

en = enn

- un spécimen • du pollen • le suspens • un week-end

un e muet à l'intérieur du mot

- un paiement • un remerciement • un éternuement

mots avec deux lettres muettes à suivre

- le corps • le doigt • le poids • un instinct • le respect

autres mots à savoir lire :

- une femme • un monsieur • second • un clown • des oignons
- une aiguille • aquatique • des oeufs • un fils • l'automne

Victor, l'enfant sauvage

1 La mystérieuse créature

Ceci est une histoire vraie. Il y a près de deux cents ans, en Aveyron, une femme qui ramassait des champignons dans la forêt poussa soudain des cris de terreur.
Elle avait aperçu dans les buissons une silhouette brune et sale, courbée en deux avec une longue tignasse[1].
Jamais elle n'avait vu pareil animal.
Elle rentra en toute hâte au village, où les hommes décidèrent d'organiser une battue[2].
Aidés de leurs chiens, ils capturèrent bientôt la créature, qui mordait et griffait comme une bête sauvage. Mais ce n'était pas un animal. C'était un enfant, un garçon de douze ans !

1. **tignasse :** chevelure abondante et mal peignée.
2. **une battue :** méthode de chasse qui consiste à se déplacer en groupe, en faisant beaucoup de bruit, pour faire peur au gibier et l'obliger à sortir de sa cachette.

1 **L'histoire de Victor est-elle vraie, ou s'agit-il d'un conte ?**
2 **Quand cette histoire se passa-t-elle ?**
3 **Où se passa-t-elle ?**
4 **Pourquoi la femme poussa-t-elle un cri de terreur ?**
5 **Quel âge avait l'enfant sauvage quand on le trouva ?**

2 L'enfant trouvé

Cet enfant avait été abandonné tout petit et avait survécu, par miracle, dans la forêt. Il vivait tout nu, marchait à quatre pattes, grimpait aux arbres et se nourrissait de petits animaux, de feuilles, de baies et de racines. Il sentait mauvais et poussait des grognements.
On l'envoya dans une école pour sourds-muets. Bientôt, tout le monde parla de lui et des foules de curieux vinrent le voir. L'enfant restait dans un coin, renversait sur le sol sa nourriture et la pétrissait dans la poussière avant de la porter à sa bouche. Dégoûtés par ce spectacle, les gens repartaient en haussant les épaules avec mépris[1].

1. **mépris** : mépriser quelqu'un, c'est penser qu'il est inférieur ou sans intérêt.

1. **Pourquoi l'enfant vivait-il tout seul dans la forêt ?**
2. **De quoi l'enfant sauvage se nourrissait-il ?**
3. **Pourquoi l'envoya-t-on dans une école pour sourds-muets ?**
4. **De quelle manière l'enfant se nourrissait-il ?**

3 Le docteur Itard

Mais un bon docteur, le docteur Itard, décida un jour de recueillir cet enfant chez lui. Il voulait l'éduquer et en faire un garçon comme les autres.
Il entreprit de lui apprendre la différence entre le chaud et le froid, car sa peau était insensibilisée par douze ans de vie dans la forêt.
Il lui fit prendre des bains chauds, puis froids, jusqu'à ce qu'il sente la différence. Le garçon commença à grelotter le matin en se levant.
Il s'habilla alors pour ne plus avoir froid.
Le docteur Itard voulut lui apprendre les sons.
Il s'aperçut que le garçon aimait beaucoup le son « o ».
Il décida de l'appeler Victor.

1. Comment s'appelait le docteur qui aida l'enfant sauvage ?
2. Comment apprit-il à l'enfant la différence entre le chaud et le froid ?
3. Pourquoi l'appela-t-il Victor ?

4 L'éducation

Puis le docteur Itard voulut savoir si le garçon faisait la différence entre le bien et le mal. Un jour que Victor avait très bien fait ses exercices, le docteur Itard l'empoigna et le jeta brutalement dans le placard où il avait coutume de l'enfermer quand il faisait des bêtises. Mais Victor, qui avait l'habitude d'accepter les punitions quand il les méritait, se mit à hurler et mordit violemment le docteur.

Victor savait donc ce qu'était l'injustice ! Envahi par la joie et l'émotion, le docteur se mit à pleurer et serra Victor dans ses bras.

Les mois passèrent et, un jour de grand vent, Victor se prépara à sortir. Voyant la grille du jardin ouverte, il disparut dans la forêt.

1. Que faisait d'habitude le docteur Itard quand Victor faisait des bêtises ?
2. Pourquoi le punit-il alors que Victor avait bien fait ses exercices ?
3. Pourquoi Victor mordit-il le docteur ?
4. Pourquoi le docteur était-il ému et joyeux ?

5 L'évasion

Après plusieurs jours, le docteur Itard pensa que Victor ne reviendrait jamais. Il avait sans doute choisi de retourner vivre comme avant dans la nature.
Mais un jour, le docteur regarda par la fenêtre. Victor était là, trempé par la pluie, ses habits déchirés, ses doigts noirs de terre.
Il avait essayé de vivre dans la forêt, mais il s'était rendu compte qu'il préférait la vie dans une maison, avec des hommes.
Victor n'était plus sauvage. Il resta toute sa vie chez le docteur. Il l'aida beaucoup à la maison et au jardin. Mais il ne sut jamais parler.

1. **Que pensa le docteur Itard après le départ de Victor ?**
2. **Pourquoi Victor revint-il vivre parmi les hommes ?**
3. **Où vécut-il jusqu'à la fin de sa vie ?**

Bonne année

Bonne année à toutes les choses,
Au monde, à la mer, aux forêts,
Bonne année à toutes les roses,
Que l'hiver prépare en secret.
Bonne année à tous ceux qui m'aiment,
Et qui m'entendent ici-bas,
Et bonne année aussi, quand même,
À tous ceux qui ne m'aiment pas.

Rosemonde Gérard
Extrait du recueil *Les Pipeaux*

Le chat et le soleil

Le chat ouvrit les yeux,
Le soleil y entra.
Le chat ferma les yeux,
Le soleil y resta.
Voilà pourquoi, le soir,
Quand le chat se réveille,
J'aperçois dans le noir
Deux morceaux de soleil.

Maurice Carême
Extrait de *L'Arlequin*

Les instruments de musique

Il existe plusieurs sortes d'instruments de musique :

Les instruments à vent

Le son est produit grâce au souffle de l'instrumentiste. On peut les diviser en deux catégories : les bois, comme la clarinette ou la flûte à bec, et les cuivres, comme les trompettes ou les trombones.

Flûte

Trompette

Les instruments à cordes

C'est grâce à la vibration des cordes qu'ils peuvent émettre du son.

Il y a plusieurs catégories : les cordes frottées, comme le violon, les cordes pincées, comme la harpe ou la guitare, et les cordes frappées, comme le piano.

Harpe

Guitare

Violon

Les instruments à percussion

Ce sont les instruments que l'on frappe pour obtenir un son, comme la caisse claire, les cymbales ou encore le xylophone.

Caisse claire

Cymbales

Xylophone

Mozart

Portrait de Leopold, Maria Anna et Mozart

Un enfant prodige

Mozart est l'un des compositeurs les plus célèbres de toute l'histoire de la musique. Il est né à Salzbourg, en Autriche, en 1756.
À l'âge de 3 ans, il cherche sur son piano « les notes qui s'aiment ». À 6 ans, il compose son premier morceau, un menuet. Avec son père Leopold et sa grande soeur Maria Anna, il donne des concerts partout à travers l'Europe : en Allemagne, en Italie et en France.

Portrait de Mozart

Une œuvre inoubliable

Mozart compose de nombreuses musiques, encore jouées et écoutées aujourd'hui : c'est lui qui a écrit la comptine « Ah ! vous dirai-je, Maman », la « Petite Musique de nuit », l'opéra « La Flûte enchantée », ou encore « La Marche turque ». Il est mort jeune, en 1791, à l'âge de 35 ans, mais il a eu le temps de composer plus de 600 pièces de musique, dont 18 opéras.

De l'œuf au papillon

1 La femelle du papillon pond des œufs sur une feuille ou une branche. Ils peuvent être jaunes, blancs ou verts.

2 La chenille sort de l'œuf. Elle peut se nourrir de végétaux grâce à ses mandibules.

3 La chenille tisse un cocon et s'y enferme pendant plusieurs semaines pour se métamorphoser en papillon.

4 Le cocon se fend. Un papillon en sort. Il attend que ses ailes soient bien sèches pour prendre son envol.

5 Le papillon a des ailes colorées qui lui permettent de voler. Il a une trompe pour aspirer le nectar des fleurs. Il pondra des œufs d'où sortiront de nouvelles chenilles qui deviendront, à leur tour, des papillons.

De l'œuf à la grenouille

1 La grenouille pond des œufs au bord des étangs et des mares. Ils sont enveloppés d'une mousse transparente.

2 Un têtard se forme à l'intérieur de l'œuf avec seulement une tête attachée à une longue queue plate. Le têtard ne vit que dans l'eau.

3 Les deux pattes de derrière apparaissent et la queue commence à disparaître. Le têtard est herbivore.

4 Les deux pattes de devant apparaissent à leur tour. Le têtard commence alors à sortir sa tête de l'eau pour apprendre à respirer.

5 Le têtard s'est métamorphosé en grenouille. La grenouille peut vivre sur la terre et dans l'eau. Elle se déplace en sautant ou en nageant. Elle est insectivore et elle se reproduira en pondant des oeufs qui donneront des têtards.

LA MÉTAMORPHOSE

La chenille se transforme en papillon, le têtard se transforme en grenouille. On appelle ces transformations des métamorphoses.

Le système solaire

1 Huit planètes tournent autour du Soleil. Elles forment le système solaire et leurs noms viennent des dieux de l'Antiquité romaine.

Mercure est le dieu des commerçants et des voyageurs.
Vénus est la déesse de l'amour et de la beauté.
Mars est le dieu de la guerre.
Jupiter est le dieu de la foudre et du tonnerre.
Saturne est le dieu du temps.
Uranus est le dieu du ciel.
Neptune est le dieu de la mer.

2 Les quatre planètes les plus proches du Soleil sont petites et solides : ce sont Mercure, Vénus, la Terre et Mars.
Les quatre planètes les plus éloignées sont géantes et gazeuses : ce sont Jupiter, Saturne, Uranus et Neptune.

La Terre

3 La Terre est notre planète. C'est la seule planète connue sur laquelle existe la vie. Elle est composée de sept continents, c'est-à-dire des étendues de terre : l'Asie, l'Europe, l'Afrique, l'Amérique du Sud, l'Amérique du Nord, l'Océanie et l'Antarctique. Elle compte cinq océans, autrement dit de vastes étendues d'eau : l'océan Pacifique, l'océan Indien, l'océan Atlantique, l'océan Arctique et l'océan Antarctique.

4 L'eau recouvre plus de 70 % de la surface de la Terre, c'est pour cela qu'on l'appelle la planète bleue.

Conception de la couverture : Virginia Arraga de Malherbe

Illustration de la couverture : Ariane Delrieu

Mise en page : Nord Compo

Illustrations : Ariane Delrieu et Axelle Vanhoof

Édition : Rachel Le Nouail, Anne-Lise Barbanès

Relecture : Bernadette Kihl

La police de caractères utilisée dans ce cahier, la Cursive LDE, a été créée par La Librairie des écoles avec Stéphanie Leprêtre, dans le respect des principes de la graphoéducation. Vous pouvez la télécharger gratuitement sur le site de La Librairie des écoles et en obtenir le mode d'emploi détaillé pour la conception de vos documents :

https://www.lalibrairiedesecoles.com/police-cursive-lde/

Crédits photos : Adobe Stock : p. 155 à 159; Fotolia : p. 154, 155-1, 157-1

Achevé d'imprimer en Février 2025, par l'imprimerie Pollina - France - 500561

Dépôt légal : Mars 2025 - N° d'éditeur : LDES120240172